银行开放冲击与中国商业银行竞争力提升研究

YINHANG KAIFANG CHONGJI YU
ZHONGGUO SHANGYE YINHANG
JINGZHENGLI TISHENG YANJIU

宋翠玲 著

图书在版编目(CIP)数据

银行开放冲击与中国商业银行竞争力提升研究 / 宋翠玲著. —苏州：苏州大学出版社,2018.12
ISBN 978-7-5672-2708-8

Ⅰ.①银… Ⅱ.①宋… Ⅲ.①商业银行 – 市场竞争 – 竞争力 – 研究 – 中国 Ⅳ.①F832.33

中国版本图书馆 CIP 数据核字(2018)第 295770 号

银行开放冲击与中国商业银行竞争力提升研究
宋翠玲 著
责任编辑 薛华强

苏州大学出版社出版发行
（地址：苏州市十梓街 1 号 邮编：215006）
镇江文苑制版印刷有限责任公司印装
（地址：镇江市黄山南路 18 号 6-1 号 邮编：212000）

开本 700 mm×1 000 mm 1/16 印张 13 字数 220 千
2018 年 12 月第 1 版 2018 年 12 月第 1 次印刷
ISBN 978-7-5672-2708-8 定价：48.00 元

苏州大学版图书若有印装错误,本社负责调换
苏州大学出版社营销部 电话：0512-67481020
苏州大学出版社网址 http://www.sudapress.com
苏州大学出版社邮箱 sdcbs@suda.edu.cn

序

改革开放以来,特别是加入世界贸易组织以来,银行业也从局部开放进入全面开放的新阶段。由于历史和体制原因,当时我国银行业经营机制僵化,不良高企,竞争力较弱,而金融服务业则是发达国家最具竞争优势的行业之一,我国银行业无疑将面对强大的压力和挑战。一时间,对于加入世界贸易组织后外资银行的全面进入有"狼来了"的呼声,认为外资银行会对中资银行的管理体制、运行机制、业务能力、市场份额等带来全方位的冲击。甚至有人认为,随着外资银行的进入,其结构的复杂化以及层出不穷的金融创新,会以各种途径传导风险,增加我国银行业的运行风险,从而导致大幅提高监管成本,降低监管效率。

另外,中资银行依托我国综合国力的增强以及"走出去""一带一路"倡议的不断深入,不断加速海外布局及国际化发展步伐。但在国际化相关业务发展方面,中资银行面临着重重制约因素。内部因素为我国商业银行资本实力较弱、风险管理水平不高、金融产品较为单一、经营管理模式落后等,我国商业银行与混业经营多年的欧美上市银行在综合金融实力上存在较大差距;外部因素则为海外监管风险、东道国政策法律风险、我国跨国企业较少等,部分国家以"非市场经济"为由禁止我国商业银行进入该国市场。表现在,中资银行国际业务的收益,相比国内资产收益率要低很多。即使是中国银行也是如此,2010 年我国内地资产收益率为 1.007 2%,而在其他国家和地区资产收益率只有 0.505 5%;2017 年我国内地资产收益率为 1.026%,而在其他国家和地区收益率为 0.792 8%。因而,总有对中资银行国际化道路质疑的声音,如果中资银行国际业务经营不善会增强我国银行业的运行风险。

本书通过实证分析对以上问题进行了验证。实证结果显示,银行对外开放"狼来了"的担忧并没有像有些预期那样冲垮我国银行业,而是发挥了溢出效应和竞争效应,促进了我国银行业竞争力的提高。尽管中资银行走出国门会面临陌生的环境,可能增强我国银行业的运行风险,然而实证结果显示银行业对内开放通过学习效应、规模经济效应和市场扩张效应促进了我国银行业的改革与发展,促进了我国银行业竞争力的提高。

根据考察,我国银行对外开放水平远低于国际先进水平。1999年至2017年考察期间的平均数据显示,美国外资银行资产占比为12.77%,而我国外资银行资产占比只有1.81%。十九大报告提出:实行高水平的贸易和投资自由化便利化政策,全面实行准入前国民待遇加负面清单管理制度,大幅度放宽市场准入,扩大服务业对外开放。在世界金融自由化浪潮中,始终坚持对外开放,通过我国银行业在国际金融市场上与外资银行的竞争,促进我国银行业的改革和发展。中资银行国际化程度与国际先进水平也相距甚远。2002—2017年考察期间的平均数据显示,美国银行业的海外资产占比为18.98%,我国银行业的平均海外资产占比仅为4.45%。尽管从《银行家》全球银行排名来看,我国银行业的竞争力与国际大银行相比差距不仅正在缩小,而且已经实现反超,如2015年,按照一级资本排名,中国工商银行第一名,中国建设银行第二名,中国银行第七名,中国农业银行第九名,交通银行第十九名,然而《中资银行国际化报告2015》指出,中资银行境外资产、营收和利润占比远低于国际大型银行。2006—2014年五大行平均境外资产、营收和利润占比分别为8.09%、6.12%和6.30%,而相应的花旗银行为60.29%、50.59%、50.32%,汇丰银行为48.36%、62.35%、69.05%,约为五大行平均值的8倍。我国银行业国际化即对内开放的道路任重而道远。

本书的重要贡献在于:

(1)银行业开放的定量研究。本书对银行业开放的研究,不仅考虑银行业对外开放,还考虑了银行业对内开放,兼顾银行业的官方承诺水平和现实开放水平,从跨境交易、商业存在、境外消费以及自然人存在四种贸易形式角度来构建我国银行业开放的评价指标体系。

(2)银行业竞争力的定量研究。本书对于商业银行竞争力的研究,从商业银行竞争力的构成要素、评价指标体系设计等方面构建了一个逻辑一致的商业银行竞争力评价新体系,对所研究的12家银行竞争力纵向和横向变化进行动态比较,全面了解我国商业银行竞争力的现状。

(3)银行业开放与银行业竞争力的机理研究。本书建立了我国银行业的数理分析模型,就银行业开放对东道国和母国银行业的影响进行了剖析,建立了支撑核心观点的理论支点。

（4）银行业开放与银行竞争力的实证分析。本书对我国银行业开放和银行竞争力进行实证分析，采取面板数据计量分析方法对表征银行竞争力的综合指标和子指标进行验证，并增加经济发展水平与银行业开放指标的交叉项作为控制变量，以综合考评银行业开放对银行竞争力的影响。

综上所述，本书的出版，将使业界更清晰地认识到我国银行业开放水平和我国银行业的竞争力水平，更清晰地了解银行业开放与银行业竞争力的作用机理，更明确地知道我国银行业开放对银行业竞争力的影响，为各银行制定发展战略提供依据，为银行业制定相关政策提供依据，也为我国推进对外开放的国策提供坚定的支持。

以此为序。

秦桂明

2018 年 11 月

前　言

　　改革开放以来,中国积极融入国际市场,特别是加入世贸组织后积极融入国际分工体系。中国还将继续推进对外开放,习总书记在中国首届进口博览会开幕式的主旨演讲强调"中国主动扩大进口,不是权宜之计,而是面向世界、面向未来、促进共同发展的长远考量"。这充分表达了中国继续推进贸易自由化的坚定决心。中国银行业的开放步伐也从未停止,2001年12月1日中国加入世界贸易组织,按照WTO协议,中国银行业在5年过渡期内逐步对外资开放。在5年的过渡期内,中国银行业加强金融监管,推进国有独资商业银行改革,防范金融风险,整顿金融秩序和改善金融服务,使中国银行业的整体竞争力大幅提升。2006年年底,《中华人民共和国外资银行管理条例》的推出标志着中国银行业已经进入全面开放的新时期。2015年1月国务院对该条例进行了修订,在全面深化改革的新形势下,对外资银行主动实施进一步的开放措施,主要是根据外资银行在我国设立运营的实际情况,在确保有效监管的前提下,适当放宽外资银行准入和经营人民币业务的条件,为外资银行设立运营提供更加宽松、自主的制度环境。十九大报告提出:实行高水平的贸易和投资自由化便利化政策,全面实行准入前国民待遇加负面清单管理制度,大幅度放宽市场准入,扩大服务业对外开放。2018年2月,中国银行业监督管理委员会令(2018年第3号)对中国银监会外资银行行政许可事项实施办法进行了修改,修改后的《中国银监会外资银行行政许可事项实施办法》全面体现了进一步扩大开放、简政放权以及加强审慎监管的理念。2018年4月在博鳌亚洲论坛上习总书记提出:2017年年底宣布的放宽银行、证券、保险行业外资股比限制的重大措施要确保落地,同时要加快保险行业开放进程,放宽外资金融机构设立限制,扩大外资金融机构在华业务范围,拓宽中外金融市场合作领域。

　　与此同时,中国银行业也在尝试"走出去"战略,政府部门也给予大力支持并予以高度关注。加入世贸组织后,十六大明确要求要"充分利用国际国内两个市场,优化资源配置,拓展发展空间,以开放促改革促发展",这为我国商业银行的跨国经营提供了良好的政治环境和政策机遇。当然,中资银行走出去会面临诸多风险,2010年中国银行监督管理委员会印发《银行业金融机构国别风险管理指引》,旨在切实提高银行业金融机构国别风险管理能力,加强对国别风险的监督管理,确保我国银行业安全稳健运行。2017年1月,中国银监会发布《关于规范银行业服务企业走出去加强风险防控的指导意见》,深入贯彻落实党中央、国务院关于共建"一带一路"、推进国际产能合作的决策部署,规范银行业金融机构境外经营行为,提升支持企业走出去服务能力,建立服务"一带一路"建设长期、稳定、可持续、风险可控的金融保障体系。党的十九大报告明确指出新时代要以"一带一路"建设为重点,坚持引进来和走出去并重,遵循共商共建共享原则,加强创新能力开放合作,形成陆海内外联动、东西双向互济的开放格局。随着我国经济实力增长及对外开放新格局的形成,中国商业银行的国际化也必将跨越式发展。

中国银行业的对外开放和对内开放均取得了快速发展。截至2017年年底,14个国家和地区的银行在华设立了38家外商独资银行(下设分行322家)、1家合资银行(下设分行1家);30个国家和地区的73家外国银行在华设立了122家分行;46个国家和地区的143家银行在华设立了163家代表处。同时,银监会积极推动银行业金融机构服务企业走出去,为"一带一路"建设添砖加瓦。截至2017年年底,共有23家中资银行在65个国家(地区)设立了238家一级机构,其中有55家子行、141家分行、39家代表处、3家合资银行。共有10家中资银行在26个"一带一路"沿线国家设立了68家一级机构。中国银行业的全面开放将银行业竞争推升到一个新的高度。

20世纪70年代,麦金农和肖提出了金融自由化理论,在该理论的指引下,众多发展中国家开始加快金融领域开放;同时发达国家也在新自由主义的指引下重启金融自由化进程。这是市场发展到一定程度以后从内部产生的向外扩张和对外开放的需求。银行业作为金融行业的核心部门,将是率先对外开放的部门之一。在经济全球化不断加深、全球金融一体化的背景下,各国银行业只有加入国际化的金融体系才能实现可持续发展,银行业对外开放和银行业对内开放均是中资银行参与全球金融活动的有效途径。中央政府对此已有清醒认识并予以高度关注,中国银行业的全面开放将银行业竞争推升到一个新的高度。然而,银行业开放必然会对开放国的银行业,特别是对那些银行体系较为脆弱的发展中国家银行业造成影响。由于各个国家的具体国情不同,银行业开放给各个国家带来的影响也不同。比如,阿根廷在银行业开放中丧失了银行控股权,不仅国内银行业受到消极影响,还爆发了金融危机。阿根廷在银行业开放进程中推行金融自由化,跨国银行占银行业的资产比重一度超过了60%,国内商业银行的竞争力受到抑制,阿根廷政府也丧失了监管和宏观调控的能力,从而引发金融危机。然而,澳大利亚的情况正好相反,银行业开放后其银行业的效率得到提高,银行业的竞争力也得到提高。

在世界金融自由化浪潮中,中国银行业于2006年以来已进入全面开放时期。随着银行业的不断开放,中国银行业在国际金融市场上与外资银行的竞争也愈演愈烈。那么中国银行业的开放水平如何?中国银行业经过大刀阔斧的改革成为独立的市场主体,获得了长足的经营发展后,银行业的竞争力水平处于什么位置?中国银行业竞争力水平的动态变化如何?银行业如何去提升竞争力并维持自身的竞争优势?等等,这些都是需要回答的重要课题。从国际情况来看,银行业开放水平增加有利有弊,有的国家提升了本国银行竞争力,有的国家却削弱了本国银行竞争力。上述情况的存在促使我们对银行业开放进行思考和研究,银行业开放对中国银行业的作用机理是什么?银行业开放如何影响一个国家的银行竞争力?银行业开放对中国银行业竞争力的影响是正面效应还是负面效应?

正是在这样的背景下,本书试图对中国银行业开放水平和中国银行业竞争力进行测评,探讨银行业开放和银行业竞争力的作用机理,并分析银行业开放对银行业竞争力的影响。本书主要研究了以下内容:

一是对中国银行业开放水平进行定量研究和测评。这一部分界定了银行业开放的概念,构建了中国银行业对外开放和对内开放的全面测评体系,从官方承诺视角和现实视角对中国银行业的开放水平进行测度。

二是对中国银行业竞争力的定量研究和测评。这一部分对银行业竞争力进行了概念界定,并构建了银行业竞争力的测评体系,对中国银行业竞争力纵向变化的进步度进行定量分析和测评。

三是分析了银行业开放对银行业竞争力影响的作用机理。该部分建立了数理分析模型,对银行业开放影响东道国和母国银行业竞争力的作用进行了剖析。

四是实证研究部分。借鉴Claessens(2001)等模型的基本思想,结合中国的实际情况,构建实证分析模型。采用面板数据模型分析银行业开放对中国银行业竞争力的影响。

五是对策建议部分。该部分就如何发挥银行业对外开放和对内开放的正面效应给出相应的措施,并对银行业合理开放和中国银行业竞争力的自身提升给出相应的建议。

本书的研究工作得到苏州工业园区服务外包职业学院学术专著经费资助,是笔者主持江苏省高校哲学社会科学研究基金项目(2015SJD630)的研究成果,也是笔者在苏州大学参加江苏省高等职业院校教师专业带头人高端研修(2018GRFX046)的主要课题。本书在撰写过程中得到许多人的支持和帮助,感谢乔桂明教授的悉心指导,并对本书提出了宝贵的修改意见,感谢在本书写作过程中给笔者提供资料、方法帮助的王侃玉老师、黎纪东老师,感谢苏州大学出版社薛华强主任为本书出版提供的帮助。

宋翠玲
于 SISOG108
2018 年 11 月 16 日

目录
Contents

第一章 绪 论 001

    第一节 研究背景及选题意义 001

    第二节 研究框架 004

    第三节 研究方法 006

    第四节 可能的创新之处 007

第二章 文献综述 009

    第一节 关于金融开放水平和银行业开放水平的研究 009

    第二节 关于银行业竞争力的研究 015

    第三节 银行业开放对银行业影响的文献综述 018

    第四节 文献总评 035

第三章 中国银行业开放水平的研究 037

    第一节 商业银行开放水平的概念界定及测度指标体系的建立 037

    第二节 中国银行业官方承诺开放水平的测度 044

    第三节 中国银行业现实开放水平的测度 050

    第四节 中国银行业官方承诺开放水平和现实开放水平的比较及分析 057

第四章 中国商业银行竞争力的研究 062

    第一节 中国商业银行竞争力的概念界定及指标体系的构建 062

    第二节 中国商业银行竞争力评价的评价方法选择 067

第三节 中国商业银行竞争力评价的纵向分析 069
第四节 中国商业银行竞争力评价的横向分析 086
第五节 结　论 095

第五章　银行业开放对银行业竞争力影响的机理研究 097

第一节 银行业开放对东道国和母国银行业影响的数理模型构建 097
第二节 外资银行和本土银行优势对比 103
第三节 银行业对外开放对中国银行业竞争力影响的作用机理 108
第四节 银行业对内开放对银行业竞争力影响的作用机理 114
第五节 结　论 117

第六章　银行业开放对中国银行业竞争力影响的实证分析 119

第一节 实证分析模型的建立 119
第二节 面板数据模型的建模检验 123
第三节 面板数据回归分析 127
第四节 结　论 151

第七章　对策建议 154

第一节 发挥银行业对外开放的正面效应 155
第二节 发挥银行业对内开放的正面效应 157
第三节 银行业合理开放与提升银行竞争力的对策建议 160

第八章　结论与进一步研究展望 163

附　录 167

参考文献 185

后　记 193

第一章 绪 论

20世纪70年代,麦金农和肖提出了金融自由化理论,在该理论的指引下,众多发展中国家开始加快金融领域开放;同时发达国家也在新自由主义的指引下重启金融自由化进程。这是市场发展到一定程度以后从内部产生的向外扩张和对外开放的需求。银行业作为金融行业的核心部门,将是率先对外开放的部门之一。如何理解银行业的对外开放?如何度量银行业的开放程度?中国银行业的竞争力处于什么水平?银行业的开放对一国银行业竞争力又有哪些影响?这些都是非常值得金融界理论工作者和实际工作者研究的重要课题。

第一节 研究背景及选题意义

中国的改革开放是以十一届三中全会为开端的,也就此拉开了银行业改革发展、对外开放的序幕。自1979年至1993年,中国银行体系实现了从单一银行体制发展到一个由中央银行、商业银行以及保险、信托、证券等非银行金融机构组成的多元化竞争的完整银行体系。从1994年到2002年,中国加强金融法规体系的建设,加强依法清理整顿金融市场的乱象,进一步推进商业化改革,着力关注和开始化解历史积累的金融风险。2003年至2010年,中国通过国家注资、财务重组、股份公司组建、引进战略投资者和上市等举措对中国工、农、中、建四家国有银行进行股份制改革。同时,启动各类银行业金融机构的重组改革,化解历史积累的风险。经过三十多年的改革与发展,在银行体系中引入多样性的竞争机制,完成了市场主体的改造。

特别是,2001年12月1日中国加入世界贸易组织,按照WTO协议,中国在 5 年过渡期内逐步对外资开放。在 5 年的过渡期内,中国银行业加强金融监管,推进国有独资商业银行改革,防范金融风险,整顿金融秩序和改善金融服务,使中国银行业的整体竞争力大幅提升。2006 年年底,《中华人民共和国外资银行管理条例》的推出标志着中国银行业已经进入全面开放的新时期。与此同时,中国银行业也在尝试"走出去"战略,国内商业银行将在与跨国银行的互相学习中承受巨大的冲击和挑战。加入 WTO 以来,中国银行业的对外开放取得了快速发展。截至 2016 年年底,14 个国家和地区的银行在华设立了 37 家外商独资银行(下设 314 家分行)、1 家合资银行和 1 家外商独资财务公司;26 个国家和地区的 68 家外国银行在华设立了 121 家分行;44 个国家和地区的 145 家银行在华设立了 166 家代表处。截至 2016 年年底,在华外资银行营业性机构资产总额 2.93 万亿元,同比增长 9.19%,负债总额 2.56 万亿元,同比增长 9.73%。另外中国银行业走出去步伐也在加快,截至 2016 年年底,22 家中资银行业金融机构在海外 63 个国家设立了 1 353 家分支机构,其中一级分支机构 229 家。[①] 中国银行业的全面开放将银行业竞争推升到一个新的高度。

　　银行业的开放对中国而言有很多正面效应。首先,银行业对外开放能够引进竞争机制,刺激东道国银行业降低成本,提高银行体系的效率,在竞争效应下,能够优化银行产权结构,改善公司治理水平,强化约束机制;其次,外资银行在技术、产品创新、管理经验和资本运作模式等方面相对比较先进,无论是银行业对外开放还是银行业对内开放,中国银行业都可以学习其先进技术和管理经验来提升自身的竞争力,具有溢出效应;再次,银行在拓展海外市场过程中通过规模的逐渐增大而使长期平均成本下降,提升了银行的综合竞争力,发挥了规模经济效应。同时银行业的对内开放可以在更大更广的市场范围内利用和配置资源,开辟新的利润增长点,具备市场扩张效应。

　　但是银行业的开放也会给东道国国内商业银行的经营带来一定的风险和挑战:首先,银行业对外开放会侵蚀东道国银行的市场份额,使优质人才和优质客户流失,给国内银行带来压力和成本;其次,中国银行业在海外经营要适应海外监管环境、了解当地市场需求、融入当地主流市场,面临着相当大的挑战,经营状况不佳会给本国银行业带来冲击;再次,银行业开放可能给东道国银行带来联动性风险,金融安全和稳定性问题伴随而来。总之,

---

① 数据来自中国银行监督管理委员会 2016 年年报。

银行业开放对中国银行业来讲既有机遇,也有挑战,必然会对中国银行业的竞争力产生重大而深远的影响。

随着经济全球化的发展,世界金融业正朝着金融全球化、自由化、创新化的方向发展,银行业开放已成为当代世界经济发展不可逆转的历史潮流。为了分享全球化的好处,各国银行纷纷设立海外分支机构或并购国外银行进行跨国经营。在这种情况下,中国银行业主动开放,融入国际金融市场,也是必然之举。然而,银行业开放必然会对开放国的银行业,特别是对那些银行体系较为脆弱的发展中国家银行业造成影响。由于各个国家的具体国情不同,银行业开放给各个国家带来的影响也不同。① 比如,阿根廷在银行业开放中丧失了银行控股权,不仅国内银行业受到消极影响,还爆发了金融危机。阿根廷在银行业开放进程中推行金融自由化,跨国银行占银行业的资产比重一度超过了60%,国内商业银行的竞争力受到抑制,阿根廷政府也丧失了监管和宏观调控的能力,从而引发金融危机。澳大利亚的情况正好相反,银行业开放后其银行业的效率得到提升,银行业的竞争力也得到提升。上述情况的存在促使我们对银行业开放进行思考和研究,银行业开放对中国银行业的作用机理是什么?银行业开放如何影响一个国家的银行业竞争力?中国银行业的开放处于什么水平?银行业开放对中国银行业竞争力的影响是正面效应还是负面效应?

在当代,宏观经济运行的特征之一是金融系统愈来愈扮演着重要角色从而成为经济运行的枢纽与核心。资金是宏观经济的血液,金融业尤其是银行业这一子系统则起着导管的作用,担负着向实体经济输送"新鲜血液"的重任,其经营状况不仅关乎自身发展,更影响到整个国民经济的有序运行。银行业是典型的具备外部性的部门,银行的投融资、流动性供给、信息生产、风险分散等基本功能,决定了其成为现代经济的核心,因而银行出现问题所引起的社会成本是巨大的,特别是金融动荡和危机,不仅会造成股本资本损失,还会带来另一种直接社会成本(金融拯救注入的资金)以及间接社会成本(金融信用中断、萎缩造成的资产闲置、失业、经济紧缩损失等)。②因此,保证银行业的安全性,增强银行业的盈利能力,化解金融风险,提升银行业竞争力是非常重要的。

综上所述,在世界金融自由化浪潮中,中国银行业已于2006年进入全面

---

① M. Ayhan Kose et al. Financial globalization: a reappraisal[R]. NBER Working Paper, No.12484, 2006.
② 宋翠玲. 银行挤兑模型、外部性与对策取向[J]. 华东经济管理, 2007(12).

开放时期。随着银行业的不断开放,中国银行业在国际金融市场上与外资银行的竞争也愈演愈烈。那么,中国银行业的开放水平如何?中国银行业经过大刀阔斧的改革成为独立的市场主体,获得了长足的经营发展后,银行业的竞争力水平处于什么位置?中国银行业竞争力水平的动态变化如何?银行业如何去提升竞争力并维持自身的竞争优势?等等,这些都是需要回答的重要课题。从国际情况来看,银行业开放水平提高有利有弊。有的国家提升了本国银行的竞争力,有的国家却削弱了本国银行的竞争力,那么中国银行业的开放对中国银行业竞争力有何影响,这更是迫切需要我们重视的问题。正是在这样的背景下,本著将试图对中国银行业开放水平和中国银行业竞争力进行测评,探讨银行业开放和银行业竞争力的作用机理,并分析银行业开放对银行业竞争力的影响。

第二节 研究框架

本著的研究思路是:以中国银行业开放和中国银行业竞争力为研究对象,对银行业开放和中国银行业竞争力进行定性分析与定量研究和测评,并进行纵向和横向比较,以展示中国银行业的开放水平和银行业的竞争力水平。同时,在对银行业开放和银行业竞争力的作用机理做出研究的基础上,就中国银行业开放水平对中国银行业竞争力水平的影响进行实证检验,从实际层面验证中国银行业开放究竟如何影响中国银行业的竞争力。最后,就如何发挥银行业开放对银行业竞争力的正面效应提出政策建议,并对以后的进一步研究做一展望。

研究框架见图 1.1。

第一章是绪论。首先阐述了本研究的背景与意义,在此基础上给出了研究思路、研究框架、研究方法和可能的创新点。这一部分是概述,能够帮助我们理清思路,把握整体内容。

第二章是文献综述。以银行业开放和银行业竞争力为研究对象,涉及国际金融学、宏观经济学、产业经济学、商业银行经营管理等多种理论,研究文献浩如烟海,本著系统地梳理了相关文献并进行了简要评价。从金融开放水平、银行业开放水平和银行业竞争力的角度展开的研究,对银行业开放和银行业竞争力的定量研究提供了分析思路和度量方法。了解银行业开放的动机,能够更清楚地分析银行业开放与银行业竞争力之间的关系,通过对

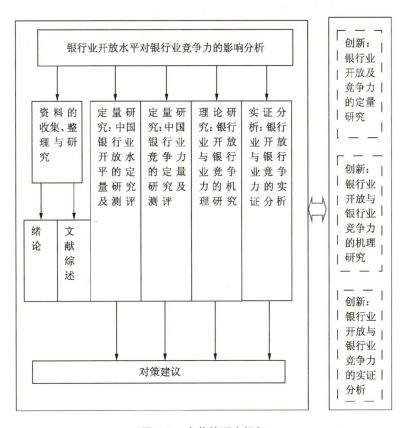

图 1.1 本著的研究框架

银行业开放动机文献的梳理,为探究银行业开放和银行业竞争力之间的作用机理提供了理论和方法基础。银行业开放,尤其是外资银行进入对东道国的影响的文献比较多,这是银行业开放对东道国银行业竞争力影响的一个重要方面,通过梳理这部分文献,得出本研究的切入点,并为后文实证模型的构建提供了借鉴。

第三章是对中国银行业开放水平进行定量研究和测评。首先对银行业开放进行概念界定,并构建中国银行业对外开放和对内开放的全面测评体系,从官方承诺视角和现实的视角对中国银行业的开放水平进行测度。对中国银行业开放水平的历年变化进行描述,并进行国际方面的横向比较,以探究中国银行业开放水平究竟处于什么位置。

第四章是对中国银行业竞争力的定量研究和测评。银行业竞争力的研究内容相当多,本著主要侧重于银行业竞争力的纵向动态变化。对银行业竞争力进行概念界定,并以此为基础构建银行业竞争力的测评体系,确定所选取的财务指标和银行体系,对中国银行业竞争力纵向变化的进步度进行定量分析和测评。尽管如此,本著仍然对各银行做了横向比较和分析,包括国内各银行之间以及和国际大银行之间的比较与分析,然而,分析的初衷仍然是银行业竞争力的纵向变化。

第五章分析了银行业开放对银行业竞争力影响的作用机理。该部分建立了数理分析模型,对银行业开放影响东道国和母国银行业竞争力的作用进行剖析,建立了支撑核心观点的理论支点。阐述了银行业对外开放的竞争效应和溢出效应,分析了银行业对外开放对银行业竞争力的影响机理。梳理了银行业对内开放的学习效应、规模经济效应、市场扩张效应和分散化效应,分析了银行业对内开放对银行业竞争力的影响机理。

第六章是实证研究部分。在前文研究的基础上,借鉴 Claessens(2001)、Lensink 和 Hermes(2004)以及 Uiboupin(2005)等模型的基本思想,结合中国的实际情况,提出了一个系统的实证分析模型。以前文所测度的银行综合竞争力指标以及度量银行竞争力的子指标作为因变量,从银行业官方承诺开放水平、银行业现实的开放水平、银行业现实的对外开放水平和银行业现实的对内开放水平四个角度,采用面板数据模型分析银行业开放对中国银行业竞争力的影响,并考察了银行业开放水平效应的发挥是否会受到经济发展水平的影响。

第七章是对策建议部分。以上文研究成果为基础,就如何发挥银行业开放对银行竞争力影响的正面效应提出对策。

第八章是结论和研究展望。银行业开放和银行竞争力涉及很多有意义的相关问题,值得金融界理论工作者和实际工作者对该领域进行相关研究。

第三节　研究方法

本著采用的研究方法包括:

(1)理论研究和实证分析相结合。实践是理论的基础,理论为实践做指导。本著系统研究银行业开放与银行业竞争力相互作用的机理,并将理论研究应用到实践中,通过模型设定、指标选取、数据采集,采取面板数据计量分析方法来验证中国银行业开放对银行业竞争力的影响,以使理论推理和实证验证相互支持。

(2)定性分析与定量分析相结合。定性分析就是对研究对象进行"质"

的方面的分析,其目的是认识事物本质,揭示内在规律。定量分析是分析一个被研究对象所包含成分的数量关系或所具备性质间的数量关系,其功能在于揭示和描述事物的相互作用和发展趋势。本著综合运用定性分析与定量分析方法对银行业开放和银行业竞争力进行分析,通过构建评价指标体系、定量测评和研究以及横向与纵向比较,分析中国银行业开放水平和银行业竞争力水平。

(3)实证分析与规范分析相结合。实证分析是分析经济问题"是什么",侧重于研究经济体系如何运行,总结和分析经济现象的内在规律性;规范分析是研究经济运行"应该怎样",提出分析和处理问题的标准,研究经济活动如何达到或者符合这些标准。本书通过对中国银行业开放和银行业竞争力的测度回答中国银行业的开放水平与中国银行业竞争力水平如何,通过对银行业开放和银行业竞争力的实证研究回答中国银行业开放水平对中国银行业竞争力的影响。在回答"是什么"的基础之上,提出银行业合理开放和提高银行业竞争力"应该怎样"的对策建议。

第四节　可能的创新之处

本著可能的创新之处有:

(1)银行业开放和银行业竞争力的定量研究。在对银行业开放进行定量分析时,不仅考虑了银行业对外开放,还考虑了银行业对内开放,兼顾银行业的官方承诺水平和现实开放水平,从跨境交易、商业存在、境外消费以及自然人存在四种贸易形式角度来构建中国银行业开放的评价指标体系。

在对商业银行竞争力进行定量分析时,从商业银行竞争力的构成要素、评价指标体系设计等方面构建一个逻辑一致的商业银行竞争力评价新体系,对所研究的 12 家银行竞争力纵向变化的进步度进行动态比较,全面了解中国商业银行竞争力的现状。

(2)银行业开放与银行业竞争力的机理研究。本著建立了中国银行业的数理分析模型,就银行业开放对东道国和母国银行业的影响进行了剖析,建立了支撑核心观点的理论支点。即在经济发展水平、金融自由化等外生变量固定不变的短期内,在一定假定条件下,外资银行的进入和中资银行的走出去都会给中国本土银行带来竞争效应,引起本土银行存贷款规模和利润的下降。然而,当假定条件发生变化时,结论则可能有所不同。

（3）银行业开放与银行竞争力的实证分析。对中国银行业开放和银行业竞争力进行实证分析，采取面板数据计量分析方法对表征银行竞争力的综合指标和子指标进行验证，并增加经济发展水平与银行业开放指标的交叉项作为控制变量，以综合考评银行业开放对银行业竞争力的影响。

本著的不足之处：

（1）银行业开放的测度从官方承诺视角和现实视角进行，然而，官方承诺视角下银行业开放的测度以世贸组织协定为依据，以主观赋值对银行业开放水平进行测度，从而会带来数据呈现的主观性；现实角度下银行业开放的测度，由于四种贸易模式数据搜集的困难，主要计算境外支付和商业存在模式下的银行业开放，带来数据上的轻微偏差。

（2）商业银行的竞争力主要从经营能力或者说主要从可得的财务指标来界定，对于商业银行的管理能力的测度，由于数据收集的困难和主观判断无法具有客观性的原因，本著没有涉及。然而，要真正全面衡量商业银行的竞争力，管理能力无疑是一项重要的测度指标。

第二章 文献综述

第一节 关于金融开放水平和银行业开放水平的研究

一、金融开放水平的研究

一直以来,对金融开放水平的测量是国内外研究人员关注的热点,不同的方法对各国金融开放水平的测度结果来说往往有所差别,也产生了在官方承诺角度和现实角度下的不同的测度方法。[①] 关于金融开放水平,有不少专家学者对其进行了探讨。金融开放官方承诺水平(也称为名义角度)是指一国以法律、法规等形式所规定的金融业的开放程度,反映的是当前一国政府对金融开放的意愿和政策性指引;而金融业现实开放实现水平(也称为实际角度)是指一国以金融业开放官方承诺为前提的参与主体的行为对市场造成的综合影响,反映现实中实际达到的开放程度。本著从官方承诺和现实角度对这些测度方法与指标进行梳理,为测度银行业开放水平的指标选取提供借鉴。

(一)金融开放官方承诺水平的度量

官方承诺水平上的金融开放的研究主要是从资本账户管制和金融市场开放程度两个角度展开。资本账户管制程度研究从管制覆盖的范围、时长和强度等不同角度出发,又可细分为二元变量法、份额法和强度法等几类,所有的方法均以 IMF 出版的《汇率安排和汇兑限制年报》(*Annual Report on*

[①] William R. Clark et al. Measures of financial openness and interdependence[J]. *Journal of Financial Economic Policy*,2012,4(1):58 – 75.

Exchange Arrangements and Exchange Restrictions, AREAER)中关于各国资本账户开放情况的说明为资料来源。①

从金融市场开放程度方面探讨金融开放的代表人物是 Mattoo。按照服务贸易总协定(GATS)的规定,各成员国都对包括银行业在内的金融服务业的对外开放做出了相应承诺,Mattoo(2000)首先对各国政府的相应承诺进行了测量。Mattoo 从跨境交易、境外消费、商业存在、自然人存在等服务提供方式角度,分别测量了各国的银行(存贷款服务)和保险(直接保险服务)市场部门的承诺开放水平。其测度公式为: $L^j = \sum_{i=1}^{3} w_i r_{ji}$,其中 L^j 表示该国 j 部门开放程度, r_{ji} 表示 j 部门对第 i 种服务提供方式的承诺开放水平(在 0~1 之间划分为 6 个等级,等级越高开放水平越高), w_i 表示第 i 种服务提供方式的权重。Mattoo 对金融市场的银行和保险部门分别进行了测量,反映了各国承诺下的静态开放水平指标。②

Pontines(2002)在 Mattoo 的基础上也对该问题继续进行研究。Pontines 的考察对象是 APEC 主要成员国,测量的内容不仅包括 GATS 的《金融服务协议》下做出的承诺,还包括各国政府的政策制定。他采用 Mattoo 的公式从官方承诺开放水平和实际开放水平的角度对银行、保险和证券部门进行测度。③

张金清和刘庆富(2007)构建了金融对外开放参与者的市场准入(独资金融机构及分支、合资金融机构)、经营和服务项目开放(居民向非居民提供、非居民向居民提供)、实现途径(银行、保险、证券业的开放)等多层次的指标体系,该体系分为一级指标、二级指标、三级指标、四级指标和五级指标五个层次。借助于上述评价指标体系和 Mattoo 的测度公式,分别从纵向和横向两个角度对中国金融业的对外开放进行了测度,并与新兴市场和发达市场国家或地区进行了比较。研究结果表明:从纵向来看,自 1979 年以来,中国金融业的对外开放水平总体上是上升的;在"入世"过渡期间,金融对外开放水平的上升幅度较大,在"入世"过渡期结束后,金融对外开放水平的

---

① 贾秋然. 金融开放测度方法与指标体系述评[J]. 经济评论,2011(3).
② Aaditya Mattoo. Financial services and the World Trade Organization: liberalization commitments of the developing and transition economies[J]. *The World Economy*,2000,23(3):351 – 386.
③ Pontines, V. The role of the General Agreement on Trade in Services (GATS)-Financial Services Agreement(FSA) in the financial liberalization efforts of APEC economies[R]. *Philippine APEC Study Center Network(PASCN) Discussion Paper*, No. 2002 – 03,2002.

上升幅度则略有下降。从横向来看,中国当前金融业的对外开放水平基本处于新兴市场国家的中等水平,与发达市场国家或地区相比尚有较大差距。①

Menzie D. Chinn 和 Hiro Ito(2008)通过资本账户开放(Capital Account Openness)来测度金融开放,对181个国家1970—2005年的金融开放程度进行了测度。资本账户开放是指不对国际收支的资本和金融账户交易施加任何限制措施。其所构建的金融开放指数测度的就是资本账户交易的开放程度,考察一国法律或法规对跨国金融交易、国际资本流动的限制程度,限制程度越低则资本账户开放度越高。该方法由于包括国家众多,数据定时更新、公开等优点,成为大多数关于资本账户开放研究的首选,然而,其在刻画某些国家的金融开放程度变化方面不是很明显,可能是因为这一方法分得不够细致。②

Ning Yu(2011)从官方承诺角度对资本账户开放进行了测度,以G20国家作为样本,对资本和金融账户下的各子项目赋予不同的权重。测度结果显示:英国、加拿大和意大利的资本账户开放程度较高;中国和其他四个国家的资本账户开放程度处于较低的水平。美国、日本等国家对资本账户的子项目设置了不同的限制。比如美国,尽管其证券市场和证券投资活动是高度发达的,但仍然对外国投资者进入其证券市场做出了相应的限制。此外,为了确保国家安全,大多数发达国家对外国直接投资进行限制,而中国和其他发展中国家对这部分的限制比较少。

陈浪南和逄淑梅(2012)对我国1979—2009年间金融管制相关法律法规进行梳理,并进行了基于资本账户和金融服务业开放的测度。测度结果显示,我国的金融开放程度不断提升,金融管制相关法律、法规的放松并未引起跨境资产和负债数量的跳跃式发展,因此我国的金融开放政策总体上讲是平稳的、有效的。但金融服务国际化程度较低,总体的金融法定开放程度有待提高。③

徐婕(2014)对金砖国家金融开放进行了测度和比较,采用Chinn-Ito指标对金砖国家进行定性测度,从实际资本流动的角度,选择了在Lane和Milesi-ferretti基础上改进的总量指标,认为金砖国家的金融开放水平呈上升

---

① 张金清,刘庆富.中国金融对外开放的测度和国际比较研究[J].世界金融研究,2007(12).
② Menzie D. Chinn and Hiro Ito. A new measure of financial openness[J]. *Journal of Comparative Policy Analysis*,2008,10(3):309–322.
③ 陈浪南,逄淑梅.我国金融开放的测度研究[J].经济学家,2012(6).

趋势,但与发达国家相比仍比较低。①

(二)金融开放现实水平的测度

对应于资本管制开放角度和金融市场开放的角度,现实水平上的金融开放研究也主要是对这两个方面予以衡量。资本管制开放角度反映的是一国在金融开放过程中本国金融市场和金融活动与世界的一体化程度,可通过储蓄率与投资率的关联度、国内外利率差异、股市收益率关联度等指标进行测量。从金融服务贸易开放角度来分析的规模测度指标,可通过各种跨国资本流动的规模与经济总量的占比来加以衡量。

从金融市场开放角度来测度主要是从金融服务贸易开放角度进行分析。金融服务贸易开放水平是通过主要服务模式(如跨境交易和商业存在)的规模占比来进行衡量的。Claessens 等用一国金融服务贸易总额占 GDP 的百分比来衡量跨境交易下的开放水平。其具体公式如下:$OFS = (FSX + FSM)/GDP \times 100\%$,其中,$OFS$ 为一国金融服务贸易开放水平,FSX、FSM 分别为该国金融服务贸易的出口额和进口额。用外资银行数量占比(外资银行数量在一国银行数量中所占比重)和资产占比(外资银行资产在一国银行资产中所占比重)来间接表示一国商业存在模式的开放水平。②

张小波(2012)认为一个完整的金融开放水平的测度体系,应该同时包含官方承诺开放水平和现实开放水平。其从资本与金融账户开放、金融业开放两个层面构建了官方承诺水平下的金融开放指标体系,并从这两个层面建立了现实金融开放水平的测度公式,其中用外资金融资产总额与本国金融资产总额之比和外资金融存贷款总额与本国金融存贷款总额之比来表征金融业的现实开放水平。选择包括中国在内的108个国家和地区的样本进行实证分析,分析结果显示,目前中国官方承诺的金融开放处于中等开放水平,现实金融开放水平明显要低于官方承诺水平。③

沈凤武等(2012)从资本账户开放和金融服务贸易开放角度对金融开放的指标和方法进行归纳与比较。而在资本账户开放和金融服务贸易开放两类指标内部又可以按照制定基准的不同划分为法规指标和事实指标。其认为资本账户开放与金融服务贸易开放是两个既相互关联又相互区别的概念。金融服务贸易开放本身既包括对金融服务机构所提供服务的限制的取

---

① 徐婕. 金砖国家金融开放的测度与比较分析[J]. 当代经济,2014(5).
② Stijn Claessens, Asli Demirguc-Kunt and Harry Huizinga. How does foreign entry affect domestic banking markets[J]. Journal of Banking & Finance,2001,25(5):891-911.
③ 张小波. 金融开放的水平测度及协调性分析[J]. 经济科学,2012(2).

消,也包括对提供服务时所需资金流动及货币兑换限制的解除。①

二、银行业开放水平的研究

(一) 银行业开放官方承诺水平的度量

Mattoo(2000)在对 105 个 WTO 成员方的金融市场承诺开放水平进行测量时,将银行业作为金融业的一部分,对这些成员国银行业的市场准入水平也进行了初步研究。Mattoo 从跨境贸易、国外消费和商业存在三种提供方式出发对银行业的自由化承诺进行量化。实证分析显示,存款、贷款开放水平由高到低的地区均是东欧、非洲、拉丁美洲和亚洲。

Ying Shi 和 Yanjuan Chen(2009)从市场准入限制和国民待遇限制角度对中国和美国银行业开放进行了对比分析。美国的银行业开放远早于中国,美国在开放过程中有很多经验值得我国借鉴,比如稳定经济是开放的前提,有效的监管是开放的基础,法律系统的完善是开放的保障。然而,作者对两国银行业开放水平没有进行量化测度。②

国内方面,张金清和刘庆富(2007)从官方承诺角度对中国银行业的全面对外开放进行了研究,构建了衡量中国银行业对外开放水平的测度体系,该体系分为目标层、准则层、因素层和末级指标层四个层次。以此体系为基础,对中国银行业对外开放水平进行了测度和判断,得出的结论是:与自身相比,中国银行业的对外开放水平一直处于上升状态,然而与成熟的美国银行业相比,中国银行业全面对外开放水平还不高,仍有较大差距。③

(二) 银行业开放现实水平的度量

Nihal Bayraktar 和 Yang Wang(2006)运用 GMM 动态面板计量方法来实证银行部门开放与经济增长的关系。其衡量银行业开放水平采用的是外资银行业资产占比指标,即该国外资银行资产总额占该国银行业资产总额之比重。选取完成金融服务自由化进程的阿根廷等 28 个国家和地区的 4 437 家银行 1994—2003 年间的数据进行研究,结论是 28 个国家和地区中份额最小的就是中国,仅有 0.2%,可见中国的对外开放处于比较低的水平。④

---

① 沈凤武,娄伶俐,顾秋霞. 金融开放及其测度方法述评[J]. 金融理论与实践,2012(7).
② Ying Shi and Yanjuan Chen. The comparison of opening up in banking industry between US and China [J]. *International Journal of Business and Management*,2009,4(7):160–164.
③ 张金清,刘庆富. 中国银行业全面对外开放水平的基本判断与分析[J]. 社会科学,2007(3).
④ Nihal Bayraktar and Yan Wang. Banking sector openness and economic growth[R]. *World Bank Policy Research Working Paper*,No. 4019,2006.

王伟(2006)对商业银行开放的概念和程度进行了界定,并建立了商业银行开放程度指标体系框架和评价方法。该指标体系不仅涵盖官方承诺指标和现实指标,而且涉及银行业对内开放的指标,然而其并没有将度量商业银行开放的指标体系系统化,也没有将其实践化。[1]

张海冰(2007)在参考经济开放水平指标体系的基础上构建了银行业开放水平指标体系,从贸易和资本流动两个方面提出一国应该从银行服务贸易开放水平、银行业对外开放水平和银行业对内开放水平三个方面来测量银行业的开放水平。银行服务贸易开放水平以该国其他金融服务贸易余额占金融服务贸易的比重来衡量;选取东道国境内外资银行资产对银行业总资产的比率作为衡量一国银行业对外开放水平的指标;选取东道国境内注册银行海外分支机构的资产总和占境内银行业总资产的比例作为衡量银行业对内开放水平的指标。对来自欧洲、美洲、亚洲和非洲的114个国家,包括18个发达国家、73个发展中国家和23个转轨经济国家的银行业开放水平进行测度。按银行业对外开放平均水平的高低,他将这114个国家分为4类。结论是:从总体上看,发展中国家的银行业开放水平最高,转轨经济国家次之,发达国家最低。[2]

孔艳杰(2009)选取中国境内外资银行总资产及外资控制的中资银行资产与中国境内银行业机构总资产的比值测算2003—2007年这一时期的中国银行业对外开放水平,结论是中国银行业对外开放属于中等水平,中国银行业的实际对外开放水平远比定量测度的要高。[3]

苑路和刘敏(2016)采用层次分析法测算了2009—2014年我国银行业对外开放的程度,结果显示我国银行业对外开放的程度较低,认为应该采取稳步、可监管的方式逐步开放金融行业。[4]

三、文献评述

国内外对金融开放水平研究的文献很多,也产生了在官方承诺角度和现实角度下不同的测度方法,这部分内容为我们研究银行业开放提供了有价值的借鉴。早期依据关贸总协定中各国对本国银行业的开放程度的承诺,之后依据世界贸易组织中各国对本国银行业开放的市场准入及国民待

---

[1] 王伟.中国商业银行开放程度及评价体系[J].世界经济研究,2006(6).
[2] 张海冰.银行业开放水平的指标体系构建和国际比较[D].对外经济贸易大学,2007.
[3] 孔艳杰.中国银行业对外开放水平测评及理性开放策略研究[J].国际金融研究,2009(3).
[4] 苑路,刘敏.我国银行业对外开放的测度[J].山西财政税务专科学校学报,2016(1).

遇进行的承诺,大多数研究人员对银行业开放的官方承诺水平进行了研究。随着对银行业开放研究的深入,研究人员发现银行业开放的官方承诺水平并不等同于银行业开放的现实水平,从现实角度探讨银行业开放水平的文献也开始出现。综上所述,目前对银行业开放水平的研究文献不是很多,银行业开放水平的测量主要关注官方承诺水平的衡量,对银行业的实际开放水平涉及较少。同时,研究更侧重于银行业对外开放,对银行业的对内开放关注较少,这就产生了对银行业开放水平研究的片面性。基于此,笔者将从银行业开放水平的角度对中国银行业开放进行定量研究,不仅考虑银行业对外开放,还进一步考虑银行业对内开放,同时兼顾银行业的官方承诺水平和现实开放水平,以此为基础构建中国银行业开放的评价指标体系。

第二节 关于银行业竞争力的研究

1987年,交通银行——中国第一家股份制商业银行的正式开业,标志着中国银行业体制改革驶上快车道,股份制商业银行随之成为很多领域和学者的研究对象。随着金融市场的全面开放、金融环境的变化和银行业竞争的加剧,很多学者开始研究中国股份制商业银行的竞争力,并探讨商业银行评价指标体系的构建。对商业银行竞争力的研究,国内外文献主要集中在以下方面:

一、国外和中国香港地区研究现状

世界经济论坛(WEF)和瑞士洛桑国际管理学院(IMD)设立的国家竞争力中的金融体系指标及其测评,主要根据一国金融业对整体经济的作用和影响程度来衡量一国金融业的整体竞争力,对银行业竞争力的指标分析从是否是中央银行、银行规模、储蓄、是否是国有独资银行、是否是股份制银行和法律监管的金融服务效率等方面来进行。WEF和IMD关于金融业竞争力的分析,较为全面直观地反映了一国的金融业竞争力及其影响,但没有触及商业银行个体的竞争力水平。

英国《银行家》《欧洲银行》《亚洲货币》等杂志通过评测银行的一级资本、资产规模、银行经营稳健状况、收益率以及其他综合指标,每年都对世界1 000家大银行进行排名。但上述研究只是对某一年的数据指标进行比较,侧重于银行之间静态的横向排序,没有关注银行业竞争力动态的纵向时序变化,不能反映各家银行竞争力的进步度。

国际著名资信评级机构如穆迪、标准普尔等每年对国际大公司和商业银行进行信用等级评定,其评价内容包括7个层次:经营环境、所有权及公司治理、品牌价值、盈利能力、风险结构与管理、经济资本分析、管理重心和战略。其侧重于银行的经营状况和发展前景,重点是针对风险方面的分析,比较关注信用主体的信用程度,而忽视了竞争力方面的研究。

国外金融监管机构和金融分析师广泛采用的是 CAMELS 评级系统,即新骆驼评价系统。其主要是监测和评估金融机构经营的6个方面:资本充足率(C)、资产质量(A)、管理能力(M)、收入及盈利性(E)、流动性(L)、对市场风险的敏感程度(S)。其将上述6类指标分成若干具体指标,并划分五级标准,根据银行具体情况确定评价结果。2001年以来,中国监管当局参照美国的 CAMELS 风险评价体系,结合国内银行业实际,开始设计中国商业银行风险评级系统。这类政府监管机构的评级,侧重于整个金融体系的稳健性。

香港中文大学何佳教授主持的"亚洲银行竞争力研究",从影响股东利益最大化的主要因素出发,将竞争力分解为收益(盈利能力)、客观因素(财务指标或硬指标)、主观因素(宏观环境及软指标)对亚洲地区的银行进行排名。其侧重于从企业竞争力角度探讨银行竞争力,忽视了对银行风险的考量。

综合而言,国外对银行评级的研究主要侧重于对财务指标的监控,已形成一套较为完善的指标评价体系,对中国商业银行竞争力的评价有相当的参考价值。但由于国情不同,其评价指标和方法并不能完全适用于中国。

二、国内(大陆)研究现状

国内(大陆)学者对银行竞争力的研究主要集中在2000年以后。李元旭等(2000)认为,商业银行竞争力应包括以下指标:反映银行经济成果的盈利性指标、反映营销经营能力的业务能力指标、反映银行硬件装备和技术应用方面能力的技术能力指标、反映用人方面有效性的人力资源指标、反映避免和承受风险能力的资产质量指标、在服务机构中重要性日益增加的文化建设能力指标与直接影响到银行业竞争力和竞争地位的金融创新能力指标等。[1]

焦瑾璞从现实竞争力、潜在竞争力、竞争环境以及竞争态势4个方面来测度银行竞争力。其中,选取盈利能力、流动性、资产质量以及资本充足率4

---

[1] 李元旭,黄岩,张向.中国国有商业银行与外资银行竞争力比较研究[J].金融研究,2000(3).

类指标表征现实竞争力;选取法人治理结构、业务体系及创新分析和监管有效性分析3个方面内容表征潜在竞争力;选取宏观经济金融运行、金融政策和相关产业发展研究表征竞争环境;而竞争态势研究的是现实、潜在竞争力和环境因素随时间发展而变化的趋势。[1]

魏春旗、朱枫(2005)在《商业银行竞争力》一书中,把商业银行竞争力分解为表层竞争力、深层竞争力和核心竞争力。并通过逐层分析,构造了商业银行核心竞争力模型,认为商业银行的核心竞争力是由技术竞争力、流程竞争力、组织竞争力、制度竞争力、人才竞争力、文化竞争力、战略竞争力7个方面的竞争力构成的能力体系。

庄起善、窦菲菲(2008)借鉴波特竞争力理论、CAMEL指标框架以及欧洲复兴开发银行转型报告的相关指标,构建中国银行竞争力的指标体系,并对影响中东欧和独联体转型经济国家银行竞争力的要素进行了考察和比较。[2]

迟国泰、郑杏果、杨中原(2009)采用主成分分析法以及OBLIMIN斜交旋转法,设计了中国商业银行的竞争力评价指标体系,并探讨影响银行竞争力的显著因素。[3]

以王松奇为组长的中国商业银行竞争力评价课题组自2006年以来每年发表《中国商业银行竞争力报告》(以下简称《报告》)。《报告》对中国商业银行的竞争力进行了较为系统和全面的研究,在建立较为全面的评价指标体系的基础上,主要以上年度的数据资料为准,采用层次分析法(AHP)对全国性商业银行竞争力进行综合评分。

杨家才(2008)引入迈克尔·波特的竞争优势理论,揭示了商业银行竞争力的要素构成;据此设计了新的商业银行竞争力评价指标体系和操作方法,创设了既可以用于银行间竞争力横向比较,又可以反映银行间竞争力动态纵向变化的竞争力指数编制方法。

陆跃祥、曹永栋(2011)采用现实竞争力指标和潜在竞争力指标来考量城市商业银行的竞争力情况。现实竞争力指标分为4类共13项具体指标,潜在竞争力分为5类共14项具体指标。得出的结论为:与大型商业银行和全国性股份制商业银行相比,中国城市商业银行在现实竞争力上具有较强的竞争优势,在潜在竞争力上具有明显的竞争劣势,综合竞争力表现尚可。

---

[1] 焦瑾璞.激发商业银行的竞争力必须进行制度创新[J].中国金融半月刊,2003(7).
[2] 庄起善,窦菲菲.转型经济国家银行竞争力的比较研究[J].世界经济研究,2008(3).
[3] 迟国泰,郑杏果,杨中原.基于主成分分析的国有商业银行竞争力评价研究[J].管理学报,2009(2).

方先明、苏晓珺、孙利(2014)采用因子分析法,对我国16家上市商业银行的数据进行了竞争力水平检验。结果显示,大型国有商业银行竞争力相对较强,股份制商业银行和城市商业银行竞争力普遍偏弱。①

陈一洪(2017)从核心竞争力概念分析出发,提出城市商业银行核心竞争力体现为风险管控能力、盈利创造能力和持续成长能力3个主要方面。在此基础上,以城市商业银行2009—2016年的数据为分析样本,通过构建竞争力指标体系对城市商业银行的竞争力进行了分析,提出增强资本补充能力、提升盈利创造能力和强化持续成长能力的政策建议。②

综上所述,国内(大陆)对商业银行竞争力的评价始终未形成系统的理论。近年的研究主要是搜集国内外各项财务数据资料进行实证分析,这些研究成果在商业银行竞争力研究领域开了先河,但其缺点是不够系统,指标体系比较杂乱,或只有某一年度横截面多家银行的竞争力比较,没有纵向的动态比较,不能反映各银行的进步度,难以全面了解中国商业银行竞争力的现状。本著试图从商业银行竞争力的构成要素、评价指标体系设计等方面构建一个逻辑一致的商业银行竞争力评价新体系。

第三节 银行业开放对银行业影响的文献综述

在经济全球化与金融全球化迅猛发展的时代背景下,金融领域中银行业的开放已是各个主权国家经济生活中的要义,也可以说是历史发展的必然选择。有关银行业开放对东道国银行业影响的文献综述,主要涉及以下几个方面:一是银行业跨国经营的理论研究;二是银行业对外开放对东道国银行业的影响;三是银行业对内开放对母国和东道国银行业的影响。

一、银行业跨国经营的理论研究

(一) 从企业跨国经营动机角度对银行业跨国经营动机的综述

1. 比较优势理论

这是国际贸易的经典理论,其核心是"两优择其甚,两劣权其轻",可以

---

① 方先明,苏晓珺,孙利.我国商业银行竞争力水平研究——基于2010—2012年16家上市商业银行数据的分析[J].中央财经大学学报,2014(3).
② 陈一洪.城市商业银行竞争力分析(2009—2016)——基于横向对比和动态发展的视角[J].当代金融研究,2017(2).

解释企业跨国经营的动机问题,同样可以用来解释银行业跨国经营问题。各国的银行业以比较优势原则开展国际业务。Aliber(1976)认为各个国家银行业存贷差存在差异,一价定律的贸易理论意味着各国银行业的效率差异会逐步缩小,然而由于各国金融管制或金融贸易壁垒的存在使得各国银行间的成本差异成为常态,因而,只有具有比较优势的国家,其银行国际业务才会有实质性的发展。①

2. 内部化理论

科斯的内部化理论最早被用来解释企业的跨国行为,该理论认为市场是不完全的,由于原料供应或者产品销售环节交易费用的存在,企业为了降低交易成本,将本国企业扩张到原料供应地或者产品销售地,使原料供应或者产品销售内部化。跨国银行的产生正是这种所谓"科斯型企业"的扩张。由于国际金融市场的不完全性、金融管制与信息的不对称性以及风险与收益的不确定性等问题的存在造成了中间产品交易的低效,因而,跨国银行将银行的外部交易转化为内部交易。为了实现内部交易,跨国银行则需要在海外设立分行或附属机构。

3. 国际生产折中理论(OLI 理论)

John H. Dunning 于 1977 年提出国际生产折中理论。Dunning 总结出决定企业跨国经营的三个最基本的要素为:所有权优势(Ownership)、区位优势(Location)和内部化优势(Internalization)。Dunning 的 OLI 理论也可以用来解释银行业跨国经营的基本条件。所有权优势包括银行的规模、融资能力以及员工等因素;区位优势包括输出入价格、贸易壁垒、税收体系、制度环境等因素;内部优势主要来源于产品市场和要素市场的失灵与不完善。所有权优势是银行对外直接投资的前提条件,内部化优势是动力,而区位优势则决定了投资地点。银行客户关系、经营管理技能、国际信誉、区位以及规模经济等都是推动银行向外扩张的重要因素。②

(二) 从各种假说角度研究银行业跨国经营的综述

以上理论均是从企业跨国经营的角度发展演绎的,将跨国银行经营的研究纳入跨国公司的研究。从目前国内外学者对银行业跨国经营的动机的研究文献来看,一家银行之所以要走出国门从事跨国经营业务主要是源于

---

① Robert Z. Aliber. Towards a theory of international banking[J]. *Economic Review*,1976,spring:5 - 8.
② Giacomo Calzolari and Gyongyi Loranth. Regulation of multinational banks: a theoretical inquiry[R]. *ECB Working Paper*, No. 431,2005.

四大假说。比如,Aliber(1984)在探讨国际银行理论(The Theory of International Banking)时总结了银行业跨国经营的各种假说,包括跟随客户假说、跟随领先者假说、寻求机会假说以及规避管制假说等。①

1. 跟随客户假说

对于银行业跨国经营的动机,传统的说法是:银行业跨国经营是要为跨国经营的企业提供服务,是跟随客户以提供银行服务的一种反应。实际数据表明,某个特定国家银行业的跨国经营与该国工业企业跨国经营的浪潮之间存在着"平行关系"。在20世纪60年代末和70年代初,美国银行跨国经营迅速扩张的同时美国公司的跨国经营也在迅速扩张。跟随客户假说的依据是:东道国的银行业过于落后从而不能服务于母国的跨国企业。这种假说被用来解释19世纪殖民地跨国银行分支机构的增长。然而,最近几十年的实践证明,东道国(工业化国家)的银行业能够为跨国企业提供良好的服务。之后,跟随客户假说被修正为:跨国银行为避免失去客户,跟随客户到东道国建立分支机构以为原本的客户提供多样化的服务(Aliber,1984)。这一解释与 Williams(2002)提出的防御性扩张假说基本一致。Williams 对防御性扩张假说从理论和实证角度进行了分析,防御性扩张促进了跨国银行规模的扩大,影响着跨国银行在东道国采取的组织形式,但对跨国银行利润的影响有限。②

但是,Aliber(1984)认为追随客户假说的解释力度有限,因为跨国企业海外扩张的原因和跨国银行海外扩张的原因可能是一致的,但两者的扩张可能是相互独立的。Daniel E. Nolle 和 Rama Seth(1998)研究了在美国的6家外资银行(母国分别是日本、加拿大、法国、德国、荷兰和英国)的贷款模式,发现这6家外资银行中有4家将多数贷款借给了美国的企业,并非母国企业。这说明对银行业跨国经营的动机还需要做出新的解释。③

2. 跟随领先者假说

跟随领先者假说是从跟随客户假说发展而来的。该假说认为银行业跨国经营跟随的不是客户而是竞争对手,即银行业进入东道国银行业的决策某些时候仅仅是对竞争对手的行动做出的反应。在跟随领先者动机下,由

---

① Robert Z. Aliber. International banking: a survey[J]. Journal of Money, Credit and Banking, 1984, 16(4): 661-678.
② Barry Williams. The defensive expansion approach to multinational banking: evidence to date[J]. Financial Markets, Institutions and Instruments, 2002, 11(2): 127-203.
③ Daniel E. Nolle and Rama Seth. Do banks follow their customer abroad? [J]. Financial Markets, Institutions and Instruments, 1998, 7(4):1-25.

于某一银行不想失去其在本国的竞争地位和市场份额,当该银行的竞争者进入海外市场发展时,该银行往往决定进入同一市场以维护自己的竞争地位。L. Engwall 和 M. wallenstal(1998)对跨国银行海外扩张的动机进行了探讨,检验了瑞典银行海外扩张的策略,结果显示这些银行倾向于在重要的金融中心建立分支机构,这些银行进行海外扩张往往选择在已经有很多国际银行的区域建立分支机构,银行间倾向于相互跟随并相互竞争。① Claudia M. Buch 和 Alexander Lipponer(2006)发现银行的外国直接投资常常集中于某些国家,并利用德国银行业 1996—2003 年间的 FDI 数据进行检验,认为大银行之间更多的是竞争效应下对市场的争夺即跟随竞争者,小银行由于资源有限往往是跟随领先者大银行来布局自己的海外扩张。②

3. 寻求机会假说

寻求机会假说意味着银行业跨国经营的原因是寻求机会,寻求的机会可能是新的市场或新的盈利。Aliber(1976)认为,如果银行所在的母国有相对较低的存贷差,该国银行业就有动力去海外开设分支机构,因为它们具有发达的管理技术和经营诀窍来降低边际成本。③ 许多实证研究支持外资银行被东道国盈利机会吸引的观点。比如,Dario Focarell 和 Alberto Franco Pozzolo(2000)探讨了哪些因素影响着银行海外扩张和哪些因素影响着银行进行海外扩张目的国的选择。他们以经合组织的 2 500 家银行为样本进行实证分析,结果显示:影响银行跨国经营的因素是银行的规模以及母国银行市场的发达程度和有效性;而跨国银行海外扩张倾向于进入预期利润较高的国家,在这些国家往往有着比较高的预期经济增长率和相对缺乏效率的当地银行体系;然后是东道国对外资银行进入和经营活动的监管情况;最后是母国和东道国的经济一体化程度。Focarell 和 Pozzole 的研究成果更适合解释银行到发展中国家跨国经营的动机——寻求获得高额利润的机会。④ Aneta Hryckiewiczr 和 Kowalewski(2008)利用面板数据研究了 1994—2004 年间外资银行参与中欧的四个银行市场的决定因素,认为中欧银行市场的

---

① L. Engwall and M. Wallenstal. Tit for tat in small steps: the internationalization of Swedish banks[J]. *Scandinavian Journal of Management*,1988,4(3/4): 147 – 155.
② Claudia M. Buch and Alexander Lipponer. Clustering or competition? The foreign investment behavior of German banks[J]. *International Journal of Central Banking*,2006,2(2): 135 – 168.
③ Robert Z. Aliber. Towards a theory of international banking[J]. *Economic Review*,1976,spring: 5 – 8.
④ Dario Focarell and Alberto Franco Pozzolo. The determinants of cross-border bank shareholdings: an analysis with bank-level data from OECD countries[R]. *BANCA D'ITALIA Working Paper*, No. 381. 2000.

高增长潜力和低水平的金融体系是首要因素,其次是是否与母国具有相似的法律渊源,母国与东道国经济发展水平的差异及距离也是考虑因素。司巍(2008)分析了外资银行在中国发展的动机和原因,认为追逐存贷款利差是外资银行在中国发展的根本动因,当然中国国民经济的高速增长和外资实体经济规模扩张也是重要原因。① 侯璐璐(2014)也认为银行海外投资区域布局主要考虑东道国政治稳定、经济发展、地理文化和法律环境等因素。② 事实证明,外资银行进入发展中国家与其进入发达国家的原因存在差别。跟随客户假设对发展中国家适用性较低,外资银行进入发展中国家的真正兴趣可能在于开发东道国的盈利机会,寻求新的有增长潜力的市场。③

4. 规避管制假说

银行是经营风险业务的特殊机构,管理和规避风险是银行经营管理的重要目标,因而东道国对银行业的监管程度也是影响银行跨国经营的一个重要因素。比如,离岸金融业的国际交易运作成本相对较低,因为离岸金融业没有准备金要求且往往不存在利率和信贷限制。Kindleberger 在1974 年就发现东道国在银行业的监管中经常出现"严内松外"的现象,外资银行更愿意到这些国家建立分支机构。④ Dario Focarell 和 Alberto Franco Pozzolo (2000)也认为东道国对外资银行进入和经营活动的监管情况是影响跨国银行进行海外扩张选址的重要因素之一,对外资银行的进入和经营活动监管限制较少的地方,也是外资银行出现较多的地方。上述研究成果及银行业跨国经营的实践均在一定程度上支持了银行跨国经营的规避管制假说。

除此之外,关于跨国银行经营的假说还包括分散风险假说、银行综合优势假说和参与银行体系重整假说,然而这些假说少有理论与实证的支持,在此不做详细探究。

二、银行业对外开放的国内外文献综述

(一)国外研究综述

目前,有关银行业开放对东道国银行业影响的文献相对较少,不过,从

---

① 司巍. 外资银行发展动因的实证分析与启示[J]. 经济研究导刊,2008(17).
② 侯璐璐. 银行海外投资区域布局研究[D]. 武汉大学博士学位论文,2014.
③ Aneta Hryckiewiczr and Kowalewski. The economic determinants and engagement modes of foreign banks in central Europe[R]. *NBP Working Paper*, No. 50, 2008.
④ Kindleberger. C. *The Formation of Financial Centers: A Study in Comparative Economic History*[M]. Princeton, NJ: Princeton University Press, 1974.

银行业对外开放的视角即从外资银行进入的角度,对外资银行进入对东道国银行的影响问题的探讨文献还是很多的。然而,对于外资银行进入对东道国银行业的影响,学术界尚未形成一致观点,在综述性研究中主要从以下角度进行探讨:一是外资银行进入是否提高了东道国银行业的竞争力和效率;二是外资银行进入是否影响东道国银行业的稳定性。

1. 外资银行进入是否提高了东道国银行业的竞争力和效率

有学者认为,外资银行的进入增加了东道国银行业的竞争程度,银行竞争的加剧可以提高国内市场金融服务的质量和可获得性,促进银行金融创新能力,促进银行监管技术和法律基础设施的建设,有利于本国进入国际资本市场获得资本,从而提高了整个银行体系的竞争力和效率。

Ross Levine(1996)就外资银行进入对东道国的影响进行了详细研究,认为外资银行进入是与新技术、更优的资源配置和更高的银行体系效率相结合的,主要原因是:(1)外资银行的进入加剧了东道国银行业的竞争,可以提高国内市场上金融服务的质量和可获得性,同时促进东道国银行引进先进技术,提高金融服务质量,以创新机制来面对激烈的市场竞争;(2)外资银行进入必然会对东道国金融市场的监管提出更高的要求,促进银行监管技术和法律基础设施的建设,有利于东道国的金融市场改革;(3)外资银行的进入带来了巨大的国际资本,从而使东道国银行融资空间有了很大提升,有利于本国进入国际资本市场获得资本。①

Cevdet Denizer(2000)对土耳其1980—1997年间外资银行进入对本国银行业的影响进行研究后发现,国内银行净利息收入与总资产、费用与总资产、利润与总资产的比例,与本国外资银行的所有权份额息息相关。虽然外资银行的市场份额仅为3.5%~5%,但外资银行的进入与国内商业银行费用的下降和资产收益率的下降显著相关,这表明外资银行进入土耳其具有强烈的竞争效应,加剧了本国银行业的竞争。Cevdet Denizer认为外资银行通过多种途径影响着国内的银行业,尤其是在财务和运营计划、信用分析、市场营销和人力资本方面。②

Stijn Claessens,Asli Demirguc-Kunt 和 Harry Huizinga(2001)通过公式"净利息收入率+非利息收入率=税前利润率-营业费用率-呆账准备金率"来

---

① Ross Levine. *Foreign Banks, Financial Development and Economic Growth*[M]. Washington D. C. : AEI Press,1996.
② Cevdet Denizer. Foreign entry in Turkey's Banking Sector 1980 – 1997[R]. *The World Bank Policy Research Working Paper*,No. 2462,2000.

衡量银行效率,通过外资银行数量占东道国银行总数的比例和外资银行资产占东道国银行总资产的比例来分析外资银行的进入程度。通过这些指标建立了经典的计量模型用于分析外资银行进入对东道国银行效率的影响:

$$\Delta I_{ijt} = \alpha_0 + \beta_1 \Delta FS_{jt} + \beta_2 \Delta B_{it} + \beta_3 \Delta X_{jt} + \varepsilon_{ijt}$$

其中:i 表示银行;j 表示国家;t 表示时间。I_{ijt} 表示 j 国家国内银行 i 在 t 时间的效率(如税前利润率等);FS_{jt} 表示 j 国外资银行 t 时间的份额(如外资银行数量占 j 国银行总数的比率);B_{it} 表示国内银行 i 在 t 时间的银行层面的解释变量;X_{jt} 表示一国 j 在 t 时间的国家层面的解释变量;ε_{ijt} 为随机误差项。

选用包括发达国家、发展中国家和转型经济国家在内的 80 个国家 7 900 家银行 1988—1995 年的数据来研究外资银行进入的程度及对东道国银行的影响。研究发现:(1)在发展中国家,外资银行比本国银行具有更高的净利息收入和利润率,而在发达国家,上述结论则相反,说明外资银行的进入确实给发展中国家的银行业带来了更大的竞争压力。(2)随着外资银行所占市场份额的增加,在竞争效应下,国内银行的利润率和利息收入出现下降趋势,表明外资银行一定程度上提高了国内银行的效率。(3)效力改进效应与外资银行进入的数量而不是其所占据的市场份额显著相关,说明随着外资银行进入东道国,东道国银行的竞争压力就会增加,从而通过相应措施来提高自身的经营效率。[1]

Ross Levine(2001)从理论和实证角度探讨国际金融自由化是否通过提高东道国金融市场和银行的职能促进经济增长,分析了金融业开放程度和银行效率之间的关系,并认为外资银行进入会降低东道国银行的盈利水平,增强东道国银行系统的效率。[2] 2004 年,Ross Levine 进一步进行定量分析,他选择 47 个国家 1 165 家银行的年度或加权平均数据来分析限制外资银行进入对东道国银行业净利差收入的影响。实证结果显示,外资银行进入的受限制程度的加强提高了东道国银行的利差收入,即外资银行进入限制较多的国家,东道国商业银行利差收入也较高;对外资银行进入限制每降低 1 个单位,银行净利差水平大概下降 3%(仅考虑银行变量的前提下)。这也表

---

[1] Stijn Claessens, Asli Demirguc-Kunt and Harry Huizinga. How does foreign entry affect domestic banking markets[J]. *Journal of Banking & Finance*,2001,25(5):891-911.

[2] Ross Levine. International financial liberalization and economic growth[J]. *Review of International Economics*,2001,9(4):688-702.

明随着外资银行的进入,东道国银行体系的竞争程度加剧。①

Iftekhar Hansan 和 Katherin Marton(2003)在分析匈牙利从集权经济向市场经济转轨过程中银行业的发展经历后,通过对匈牙利银行业 1993—1997 年的数据的实证分析,得出结论:外资银行的参与有助于匈牙利建立一个更强和更有效的银行系统,拥有高比例外资所有权的银行具有更高的效率。虽然金融自由化和初期宽松的私有化政策条件会带来短期的福利上的损失,但与技术先进和经验丰富的外资银行的竞争和合作对匈牙利银行业有正面效应,国内银行业后续的绩效改进会弥补这一损失。②

Janek Uiboupin(2005)分析了 10 个中东欧国家外资银行进入对银行绩效的短期影响,采用 Arellano-Bond 动态面板数据估计方法,选取 1995—2001 年间 319 家银行的数据为样本。研究结果显示:(1)外资银行进入与东道国税前利润、非利息收入、平均贷款利率和贷款损失准备的下降显著相关,而且外资银行进入短期趋向于增加东道国银行的间接成本,说明外资银行进入显著增强了东道国银行市场的竞争力;(2)在东道国银行市场相对发达的国家,外资银行进入对国内银行利润和贷款损失准备下降程度的影响要弱得多,国内银行的间接成本的上升程度也相对较弱,说明东道国银行市场的发展完善程度直接影响着国内银行所受冲击的大小。③

Stijn Claessens(2006)对跨国银行采取的形式、跨国银行对东道国金融系统的影响及跨国银行与东道国银行业的竞争力的关系进行了梳理,认为跨国银行以在东道国设立分支行的形式,影响着东道国金融体系的发展、金融服务的可获得性以及金融系统的稳定性。实证分析的证据表明,在一个有效且稳定的金融体系环境下,跨国银行的进入有利于银行系统以相对较低的成本提供更优质的服务,当然,跨国银行和银行竞争力之间的关系需要根据不同国家的具体情况仔细判断。④

H. Semish Yildirin 和 Georgc C. Pllilippatos(2007)研究了 1993—2000 年间 11 个拉美国家的银行业竞争状况,认为总体上市场集中度与竞争状况并

---

① Ross Levine. Denying foreign bank entry: implications for bank interest margins[A]. *Bank Market Structure and Monetary Policy*[C]. Banco Central de Chile, 2004: 271 - 292.

② Iftekhar Hansan and Katherin Marton. Development and efficiency of the banking sector in a transitional economy: Hungarian experience[J]. *Journal of Banking & Finance*, 2003, 27(12): 2249 - 2271.

③ Janek Uiboupin. Short-term effects of foreign bank entry on bank performance in selected CEE countries [R]. *Bank of Estonia Work Papers*, No. 4, 2005.

④ Stijn Claessens. Competitive implications of cross-border banking[R]. *World Bank Policy Research Working Paper*, No. 3854, 2006.

不是显著相关的,然而,从国家层面来看,在20世纪90年代末,巴西、智利和委内瑞拉的银行业竞争程度降低,原因在于集中度的增加。他们还对外资银行对东道国银行业的影响进行了实证分析。外资银行进入与银行业竞争力强相关。这意味着,金融市场管制的放松、金融市场对外开放程度的提高,促进了银行市场竞争力的增强。反过来,行业竞争程度的加剧,降低了银行的利息差以及盈利能力,但是改善了它们的成本效率。①

但也有学者认为,外资银行进入对于银行体系效率的影响具有不确定性,外资银行进入对于银行体系效率的影响取决于外资银行的数量、传导与示范能力及东道国金融对外开放的初始条件和本国的监管状况等。

Joseph E. Stiglitz,Jaime Jaramillo-Vallejo 和 Yung Chal Park(1993)认为金融产业更需要保护,因为相对于大型国际银行的安全性,国内银行要和外资大银行进行竞争会给其带来很高的成本和压力;外资银行的信息劣势通常使得它们倾向于和大型跨国公司的子公司进行业务往来,所以国内企业获得的金融服务也许会更少;外资银行对东道国政府的窗口指导和其他间接压力不敏感,东道国政府对外资银行的控制力度也比较弱。②

Adolfo Barajas,Roberto Steiner 和 Natalia Salazar(2000)研究了1990年以来哥伦比亚的状况,对外资银行和国内银行的绩效进行了比较,认为外资银行能够提高东道国银行的可竞争程度,降低融通成本和提高贷款质量,进而对哥伦比亚的银行业产生了正面效应。然而,外资银行进入带来的更激烈的竞争可能会导致风险的加大,同时伴随着国内银行的资产质量明显下降。③

Montinola 和 Moreno(2001)运用贝克尔模型对菲律宾银行业的研究发现,20世纪90年代中后期虽然外国银行进入程度不断上升,但由于仍然存在较多的限制和保护,其实际进入水平较为有限,结果本国银行业整体效率水平没有出现显著改善。④

Maria Soledad Martinez Peria 和 Ashoka Mody(2004)以拉美五国的银行业为研究对象,对外资银行参与度和市场集中度对银行利差的影响进行研

---

① H. Semish Yildirin and George C. Pllilippatos. Restructuring, consolidation and competition in Latin American banking market[J]. *Journal of Banking & Finance*,2007,31(3):629-639.
② Joseph E. Stiglitz,Jaime Jaramillo-Vallejo and Yung Chal Park. The role of the state in financial markets[J]. *The World Bank Economic Review*, 1993,7(1):19-52.
③ Adolfo Barajas,Roberto Steiner and Natalia Salazar. The impact of liberalization and foreign investment in Columbia's financial sector[J]. *Journal of Development Economics*,2000,63(1):157-196.
④ Gabriella Montinola and Ramon Moreno. The political economy of foreign bank entry and its impacts:theory and a case study[R]. *Pacific Basin Working Paper*,No. PB01-11,2001.

究。研究发现：外资银行相对于东道国银行来讲一般收取较低的利差收益，外资银行的参与影响东道国银行业的管理成本，进而影响利差水平，市场集中度往往与银行业的高利差收益和高成本直接相关。然而，外国银行的持续进入并未产生预期中的显著效率效应。①

Nihal Bayraktar 和 Yan Wang（2004）探讨了外资银行进入对东道国国内银行绩效的影响。采用面板数据分析方法，选取包括发达国家和发展中国家在内的 30 个国家 1995—2002 年的数据进行实证分析。实证结果显示：各个国家外资银行进入的开放程度有很大差异，一国银行对外开放水平与该国收入水平和经济发展水平没有特定的关系。②

Robert Lensink 和 Niels Hermes（2004）讨论了外资银行进入对东道国银行业的短期影响，认为外资银行进入是否有利于东道国银行体系效率的提高与本国的初始经济发展程度有很大关系。故在回归模型中引入了经济发展水平这一因素，以检验经济发达程度不同是否会影响外资银行进入的效应：(1) 阈值估计。他们在回归模型中引入人均实际 GDP 的阈值（THR），如果 GDP 大于阈值则值取 1，否则取 0。(2) 交叉乘积项法。即在回归模型中引入外资银行进入程度变量与经济发展水平变量的乘积项，通过回归系数的变化来判定经济发展水平与外资银行进入效应之间的关系。其结论是：如果东道国的初始经济发展水平比较低，那么东道国的银行市场初始水平也比较低，银行业市场缺乏竞争力。在这种情况下，外资银行先进技术和经营经验对东道国银行业的影响更重要（溢出效应），尽管短期内会带来东道国银行业经营成本和经营利差的提高（竞争效应）。如果东道国的初始经济发展水平比较高，东道国银行业的经营成本、净利息收入和利润水平要么与外资银行进入不相关，要么负相关，说明经济发展水平较高的国家，这种溢出效应并不重要，但竞争效应能够得以发挥。③ Niels Hermes 和 Robert Lensink 在另一篇文章中探讨了外资银行作用的发挥是否与东道国初始金融发展水平有关，通过研究 48 个国家的 990 个银行 1990—1996 年的数据得到

---

① Maria Soledad Martinez Peria and Ashoka Mody. How foreign participation and market concentration impact bank spreads: evidence from Latin America[J]. *Journal of Money, Credit, and Banking*, 2004, 36(3):511 – 537.

② Nihal Bayraktar and Yan Wang. Foreign bank entry, performance of domestic banks and sequence of financial liberalization[R]. *The World Bank Policy Research Working Paper*, No. 3416, 2004.

③ Robert Lensink and Niels Hermes. The short-term effects of foreign bank entry on domestic bank behabiour: does economic development matter? [J]. *Journal of Banking & Finance*, 2004, 28(3):553 – 568.

了相似的结论。①

Ta Gormley(2010)以20世纪90年代外资银行进入印度为例,从外资银行进入印度的时间和地点入手,分析了外资银行进入印度对国内信贷准入和企业业绩的影响。实证分析表明,外资银行只为一小部分业绩丰厚的公司融资,外资银行进入后反而导致企业信贷下降了8%,而且信贷的下降对于小微企业更严重,对于更依赖于外源融资的小微企业业绩产生了不利影响。②

2. 外资银行进入是否影响东道国银行的稳定性

针对外资银行进入对东道国银行业竞争效率的影响的研究文献较多,但针对外资银行竞争对东道国银行体系稳定性影响的研究文献相对较少。传统观点认为,银行竞争与稳定之间存在权衡关系,即竞争和稳定不能同时获得。当银行业对外开放,放宽市场准入限制后,跨国银行大量进入将导致银行部门的特许权价值大大降低,而国内商业银行失去原本享受的垄断利润,丧失了利用垄断利润维持大量不良贷款的能力,从而使其风险抵御能力大大下降。除此以外,跨国银行以其优质信誉、高盈利能力、良好的财务状况能提供更多优质服务,从而造成国内商业银行大量优质客户流失,而只能面对一些信誉不高、财务状况不佳的高风险客户,这样国内商业银行的投资风险增加、总体信贷质量下降、不良贷款率上升,从而稳定性也会下降。总之,外资银行进入加剧了东道国银行业的竞争,影响东道国银行的稳定性。

Asli Demirguc-Kunt 和 Enrica Detragiache(1998)研究了金融自由化和银行危机之间的关系。导致金融体系脆弱的因素有很多,比如宏观经济发展情况欠佳、不合适的宏观经济政策以及国际收支不平衡等。然而当以这些因素为控制变量后,金融自由化与银行稳定性负相关,即金融自由化会导致银行危机的发生,而且金融自由化变量与跨国银行的份额正相关,但与市场集中度负相关。③

Heather Montgomery(2003)探讨了外资银行在后危机时代的亚洲的角色。其认为,虽然在某些情况下外资银行贷款可能比国内银行贷款更稳定,

---

① Niels Hermes and Robert Lensink. Foreign bank presence, domestic bank performance and fiancial development[J]. *Journal of Emerging Market Finance*, 2004, 3(2): 207 – 229.

② Ta Gormley. The impact of foreign bank entry in emerging markets: evidence from India[J]. *Journal of Financial Intermediation*, 2010, 19(1): 26 – 51.

③ Asli Demirguc-Kunt and Enrica Detragiache. Financial liberalization and financial fragility[R]. *IMF Working Paper*, No. 1917, 1998.

但是当危机发生时,外资银行贷款的稳定性取决于外资银行进入的方式。其中,外资银行的跨境要求权提供的信贷供给是最不稳定的,其次是外资银行分支机构的贷款和外资银行附属机构信贷。①

Ji Wu、Minghua Chen、Bang Nam Jeon 和 Rui Wang(2017)利用 2000—2014 年间 35 个市场的银行层面数据,探讨外资银行的进入是否影响新兴经济体国内银行的风险。研究表明,外资银行的进入会导致国内银行的风险提升,而且在效率较低、以传统活动为基础的国内银行中更为明显,通过并购进入东道国市场以及本身集团实力比较强大时,对东道国国内银行风险的影响更为显著。②

有的学者认为:外资银行进入不仅不会降低东道国银行系统的稳定性,反而有所贡献。外资银行进入对东道国银行业稳定性是否存在影响还取决于宏观经济、竞争程度、金融监管水平等因素。

Donald Mathieson 和 Jorge Roldos(2001)探讨了外资银行在新兴市场国家扮演的角色,提出两个值得讨论的观点:第一,外资银行的存在是否会增加银行业发生系统危机的可能性;第二,在发生金融危机时,外资银行是否倾向于迅速逃离东道国。结论是:外资银行进入主要通过竞争效应和外溢效应对新兴市场国家银行业效率产生直接或间接的促进作用,外资银行可以依托其母国提供更稳定的信用,并且许多跨国银行有更好的应对国际金融市场的方法,所以外资银行的进入可以提高东道国银行系统的稳定性等。③

Franklin Allen 和 Douglas Gale(2004)探讨了银行部门竞争和稳定之间的关系,通过对一系列模型进行分析、总结,结果发现:在一些模型中,竞争和稳定需要权衡,而在另一些模型中该观点并不成立。一般来说,从贷款竞争角度出发的研究,往往得到银行竞争降低了资产风险承担水平或者提高了银行间市场应对流动性冲击能力的结论,从而支持了竞争有利于稳定的观点。从存款角度而言,由于银行存在逆向选择和道德风险问题,存款市场的竞争可能加剧了银行体系的脆弱性。但一些研究认为,是错误的政策导致了银行竞争和稳定的权衡问题。换句话说,通过适当的制度安排或监管

---

① Heather Montgomery. The role of foreign banks in post-crisis Asia: the importance of method of entry [R]. *ADB Institute Research Paper*, No. 51, 2003.
② Ji Wu et al. Does foreign bank penetration affect the risk of domestic banks? Evidence from emerging economies[J]. *Journal of Financial Stability*, 2017, 31:45 – 61.
③ Donald Mathieson and Jorge Roldos. The role of foreign banks in emerging markets[A]. *Open Doors: Foreign Participation in Financial Systems in Developing Countries*[C]. Washington, D. C.: Brookings Institution Press, 2001:15 – 55.

措施(包括资本充足要求、风险调整的存款保险以及资产限制等)来控制风险,可以避免竞争导致的银行危机。①

Haselmann(2006)研究了转轨经济体中外资银行的策略,通过估计信贷供给函数对外资银行的策略进行实证分析,结论是:外资银行进入中、东欧市场是长期战略目标所需,并非追求跟随客户战略,因此其对东道国信用市场有稳定作用,即会促使东道国银行体系的稳定性提高。与一般的结论相反,Haselmann 认为,外资银行独立于外资银行母国的宏观经济状况,比如:在爱沙尼亚等经济转型国家,其 2002 年外资银行的资产占到总资产的 90%以上,这些银行与东道国银行在借贷市场上尽管还有区别,但已经有一定的整合,它们与当地银行都根据东道国变化的市场条件来整合业务,并不会给东道国市场银行体系带来不稳定,反而有所贡献。②

Robert Cull and Maria Soledad Martinez Peria(2014)研究了银行业危机与外资银行进入之间的关系。利用 1995—2002 年间 100 多个发展中国家外资银行所持有的资产份额进行实证分析,结果显示经历过银行危机的国家往往比没有经历过银行危机的国家有更多的外资银行进入。进一步面板数据回归得出结论,外资银行参与的增加是危机的结果,但是,外资银行的增加与东道国私人部门信贷增加并不一致,可能的原因是许多情况下外资银行的进入表现为外资银行收购了陷入困境的国内银行。③

(二) 国内研究综述

国内学者对外资银行对中国银行业经营效率影响的研究比较晚,而且多数学者认为外资银行给中国带来了竞争机制,打破了原有的垄断局面,有效地促进了国内银行业的效率改革,增强了中国银行业的效率和竞争力。

1. 从金融体系改革与效率改善方面来看

郭妍、张立光(2005)基于中国具有代表性的 13 家银行 1993—2002 年的面板数据,对外资银行进入对中国商业银行经营水平、盈利状况和抗风险能力的影响进行了实证研究。研究发现:外资银行在 1998 年之前对中国银行业效率的影响不明显,1998 年之后才变得明显;随着外资银行进入程度的加深,国

---

① Franklin Allen and Douglas Gale. Competition and financial stability[J]. *Journal of Money, Credit and Banking*,2004,36(3):453-480.
② Rainer Haselmann. Strategies of foreign banks in transition economies[J]. *Emerging Markets Review*,2006,7(4):283-299.
③ Robert Cull and Maria Soledad Martinez Peria. Foreign bank participation and crises in developing countries[R]. *World Bank Policy Research Working Paper*, No.4128,2007.

内银行利差收入有所上升,而利润率、费用率及贷款收益率则有所下降。①

李晓峰、王维、严佳佳(2006)选取中国具有代表性的 4 家国有银行和 10 家股份制商业银行 1994—2004 年的数据来实证外资银行进入对中国银行业效率的影响。在经典模型的基础上,作者增加了银行结构变量(采用各样本银行与总样本银行资产的比重)来表征银行规模,并分别从国有银行、股份制银行和所有银行三个角度进行回归分析。实证结果表明:外资银行的进入使得国内银行的流动性、非利息收入、经营费用和资产收益率降低,并使其资产质量下降,风险增加,但是技术外溢效应以及对国内银行盈利性的影响并不显著。②

伍志文、沈中华(2009)从微观角度研究外资股权进入对东道国银行绩效的影响,发现只有来自高收入国家的外资银行股权进入才是有利的。从经济效率而言,该结论支持发达国家的银行以持股方式进入发展中国家。③

张金清、吴有红(2010)运用 SFA 法测度了中国主要商业银行效率,并对外资银行进入水平影响商业银行效率的"阈值效应"进行了经验分析,发现外资银行进入水平对商业银行效率的影响存在"阈值效应",自中国加入 WTO 以来,外资银行进入水平对中国商业银行效率产生了积极的作用。④

王佩珺、周秒燕和张锦程(2016)分析了外资银行对中国不同类型商业银行中间业务发展的影响。认为外资银行的进入促进了中国商业银行在中间业务方面的竞争程度,且进入程度与银行业的市场竞争程度是类似倒 U 型的关系。此外,外资银行进入对不同类型商业银行中间业务的经营效率的影响也有显著不同,大型国有商业银行受影响最大,其次是农村商业银行和股份制商业银行,城市商业银行在提高中间业务效率方面稍弱。⑤

从以上学者的研究结论可以看出,由于选取的时间阶段、银行样本以及计量方法的不同,外资银行进入对中国银行业改革和效率的影响的实证结果也略有不同。总的来说,大部分学者认为外资银行进入对中国商业银行效率的改革具有积极作用,外资银行进入有利于中国银行业的产权改革,有

---

① 郭妍,张立光.外资银行进入对中国银行业影响效应的实证研究[J].经济科学,2005(2).
② 李晓峰,王维,严佳佳.外资银行进入对中国银行效率影响的实证分析[J].财经科学,2006(8).
③ 伍志文,沈中华.外资银行股权进入和银行绩效的联动效应——基于面板数据的分析[J].财经研究,2009(1).
④ 张金清,吴有红.外资银行进入水平影响商业银行效率的"阈值效应"分析——来自中国商业银行的经验证据[J].金融研究,2010(6).
⑤ 王佩珺,周秒燕,张锦程.外资银行进入对中国商业银行发展中间业务影响的实证研究[J].浙江金融,2016(1).

利于打破市场垄断格局,还有利于引进先进的技术和管理经验,提高中国银行业的效率。

2. 从对东道国银行体系稳定性或安全角度来看

叶欣、冯宗宪(2004)运用多元 logist 模型分析50个国家(20个发达国家和30个发展中国家)的数据,对外资银行进入程度与本国银行体系危机发生可能性之间的关系进行检验,结论如下:外资银行进入对本国银行体系的稳定性有显著的影响,外资银行进入数量的增加将减少本国银行体系危机发生的可能性;外资银行通过潜在进入的竞争压力提高了东道国银行市场的可竞争程度,进而增强银行体系的稳定性。①

周慧君、顾金宏(2009)基于阶段理论分析方法,从演化和发展的角度研究外资银行渗透对于中国银行业体系稳定性的影响。研究发现,中国银行业在开放的过程中,伴随外资银行渗透,银行体系稳定性的演化过程也可粗略地看成倒"U"形态,与阶段性理论基本相吻合。②

邱立成、王风丽(2010)认为外资银行的进入必将从多个方面对东道国银行体系稳定性产生影响,因而采取多国面板数据分析的研究方法,对外资银行进入对东道国银行体系稳定性的影响进行研究。研究发现,虽然外资银行的进入程度对东道国银行不同指标的影响存在差异性,但是总体来看提高了东道国银行体系的稳定性。不过,从宏观经济政策的有效性和国家的金融安全角度出发,中国外资银行的引进存在"适度"问题。③

乔桂明、黄黎燕(2011)基于中国13家商业银行2002—2009年的面板数据和 DEA-Malmquist 生产率指数,对外资参股对中国商业银行稳定性的影响进行分析。研究发现,外资银行参股对股份制银行的稳定性产生了显著的正面影响,对国有银行的影响则不显著。④

传统观点认为,竞争与稳定不可同时兼得。然而,大部分学者的实证分析显示,外资银行进入提高了本国银行体系的稳定性。

3. 从产权、竞争与公司治理角度来看

陆磊(2006)认为,以外资参股的方式进入中国的银行业有利于中国银

---

① 叶欣,冯宗宪. 外资银行进入对本国银行体系稳定性的影响[J]. 世界经济,2004(1).
② 周慧君,顾金宏. 外资银行渗透对中国银行业体系稳定性的影响——基于阶段理论与演化理论的实证研究[J]. 国际金融研究,2009(12).
③ 邱立成,王风丽. 外资银行进入对东道国银行体系稳定性影响的实证研究[J]. 南开经济研究,2010(4).
④ 乔桂明,黄黎燕. 中国商业银行外资参股效应再研究——基于 DEA 模型的银行稳定性分析[J]. 财经研究,2011(7).

行产权的多元化,有利于改善公司治理结构。外资参股的直接制度效应是商业银行治理结构的本质改善。①

易定、陈雯(2006)认为,运用 SCP 框架来解释中国银行业的市场结构问题并不合适。中国在全面开放金融业的背景下,银行业保持一定的集中度是必要的。银行业改革的一个目标取向是维持金融稳定和改革绩效。②

谢杰斌、赵毓婷(2007)采用 Claessens 等的经典模型,在模型中引入了结构变量,选取 15 家银行 1997—2004 年的面板数据进行实证分析,认为外资银行的进入正逐步推动着中国银行业整体结构由寡头垄断转变为垄断竞争。③

王国红、何德旭(2010)运用 Panzar-Rosse 模型计算了 1995—2006 年间中国银行业的 H 值,对外资银行进入对中国银行业竞争程度的影响进行了分析,结论是外资银行进入强化了中国银行业市场的竞争程度,但作用有限,因而应该加大引进外资银行的力度,完善对外资银行的竞争性管制。④

众多学者认为,外资银行进入,尤其是外资参股的形式,可以增强中国银行业市场的竞争程度,使产权结构多元化,改善中国银行业的公司治理结构。也有的学者认为,银行对外开放的风险还是比较大的,外资银行进入的比例较小时,不能改善中国银行业的绩效;外资银行进入的比例较大时,国家会丧失对银行的控制权,因而中国银行业的改革不能单纯依靠外资银行的进入,还应该加强自身的管理和改革。

三、银行业对内开放的国内外文献综述

上文我们从银行对外开放对东道国银行业影响的角度进行了文献综述与评价,下面我们从银行对内开放对母国银行业影响的角度进行文献综述。然而,从银行对内开放角度,也就是本国银行走出去跨国经营的视角,对母国银行业影响的研究文献相对较少。银行业跨国经营从实现形式上可以分为跨国并购和新建投资两种模式,前者属于外延式增长模式,后者属于内生性增长模式。

Robert DeYoung 和 Daniel E. Nolle (1996)对美国的外资银行的盈利水

---

① 陆磊.外资入股中资商业银行:银行治理与国家金融安全[J].武汉金融,2006(1).
② 易定,陈雯.稳中求进:倒计时阶段银行业改革的路径选择[J].财经科学,2006(2).
③ 谢杰斌,赵毓婷.中国银行业如何应对外资银行的进入[J].财经科学,2007(10).
④ 王国红,何德旭.外资银行进入中国市场的竞争效应研究[J].财经问题研究,2010(7).

平进行了分析,发现跨国银行在美国的盈利效率要低于本国银行,是跨国银行投入(成本)的效率低而不是产出(收入)的效率低导致了跨国银行分支机构的低利润率。因为跨国银行在美国发展客户关系的能力低下,不能提高和保持主要存款,以至于跨国银行不得不以高成本的资金来源资助其大规模增长。①

Rudi Vander Vennet(2002)探讨了欧洲银行业的跨国并购和银行效率,对1990—2001年间公布的62个跨国银行并购案例,从成本和收入效率两个角度进行分析。结果显示:并购对并购方银行和被并购方银行的成本和收入效率都有影响,然而,短期内并购对其成本效率改善不显著,而对利润效率有一定的改进,利润效率提高的原因可能是被并购银行定价行为的变化或者来自新总行的收入溢出效应或者由于市场力量的增强。②

Claudia M. Buch 和 Gayle DeLong(2004)对1978—2001年间的2 300例并购进行分析以明确跨国银行并购的决定因素。研究结果表明:在一个法规限制比较多的环境下,跨国银行并购发生得比较少;如果距离和文化差异等信息成本较高,跨国银行并购发生得也相对较少。③

国内学者对跨国银行经营对中国银行业影响的研究几乎是空白,主要的研究仅集中在对国内银行的跨国并购与银行经营效率之间的关系方面。

周力杨、武康平(2007)对跨国银行对母国和东道国银行业的影响做了分析,认为跨国银行的介入对东道国影响较大,对母国影响不大。由于跨国银行把业务拓展到东道国,因此使得东道国银行业的竞争程度加剧,存款总量和单个银行的存款都有所增加;而跨国银行仍然在母国经营,因此母国的银行业竞争局面没有变化。跨国银行的介入数量不影响母国银行的权益资本,但对东道国银行的权益资本有负面影响,这是因为在资本充足率给定的情况下,银行业竞争程度的加剧,使得资本的边际收益越来越低。资本充足率的变化对母国和东道国的存款总量以及个别银行的存款水平几乎没有影响,反映出存款对资本充足率的敏感性很低。④

李伟杰(2008)对中国商业银行跨国经营战略进行了分析,认为发达国家

---

① Robert DeYoung and Daniel E. Nolle. Foreign-owned banks in the U. S.: earning market share or buying it? [J]. *Journal of Money, Credit and Banking*, 1996, 28(4): 622-636.
② Rudi Vander Vermet. Cross-border mergers in European banking and bank efficiency [R]. *UNIVERSITEIT GENT Working Paper*, No. 02/152, 2002.
③ Claudia M. Buch and Gayle DeLong. Cross-border bank mergers: what lures the rare animal[J]. *Journal of Banking & Finance*, 2004, 28(9): 2077-2102.
④ 周力杨,武康平. 跨国银行介入后与东道国银行竞争的分析[J]. 财经研究, 2007(10).

的跨国银行进入发展中国家后,由于拥有较为明显的经营管理、技术、产品创新等方面的竞争优势,因此具有良好的盈利效率;然而,中国的跨国银行进入发达国家,由于市场拓展空间非常小,业务规模也很小,因此盈利极为有限。①

梁慧贤、简俭敏、江淮安和于艺海(2011)对中国大型商业银行跨国并购及其效率进行研究,使用数据包络分析法,选取中国工商银行、中国银行和中国建设银行为样本。实证研究结论有:从短期来看,这三家银行都会在实施跨国并购后的一两年内出现技术效率、纯技术效率或规模效率的单方面或多方面下降。各家银行短期效率下降的原因各不相同。影响并购银行效率的因素主要有跨国并购规模和频率、并购双方整合时间的长短以及并购方对被并购方的了解程度。但从长期来看,三大商业银行跨国并购后的效率变化显示:并购后的两三年,银行的效率指标会逐渐改善。因此,三大行的效率都在2010年达到最优状态。②

黄德春、张长征和徐艳(2012)首先运用 Malmquist 指数方法对2000—2008年间跨国并购实施银行的经营效率进行测算,发现跨国并购银行经营效率高低与其两次跨国并购间隔时间长短有一定关联,如中国银行两次并购时间间隔为5年,其9年的银行经营效率的 Malmquist 指数增长了26.9%,中国建设银行两次并购时间间隔为4年,其 Malmquist 指数增长了15.1%,而跨国并购最为频繁的中国工商银行经营效率下降了16.2%。除此之外,跨国并购后,并购实施银行的技术进步增长较为明显,并发挥了对经营效率增长的贡献作用。其次,从盈利能力、成本控制能力以及风险规避能力三个方面对跨国并购影响度进行实证分析。结果表明:跨国并购对实施银行的盈利能力有不显著的影响,对其经营成本有显著的降低作用,对其成本控制能力有明显的提高作用,但对其风险规避和管理能力却有明显的恶化作用。③

第四节 文献总评

综上所述,国内外研究机构及学者对银行开放、商业银行竞争力及外资银行对银行效率、银行竞争度、银行稳定性等的影响问题的研究已有成效。

---

① 李伟杰. 始于大国还是始于邻国——中国商业银行跨国经营战略分析[J]. 浙江金融,2008(1).
② 梁慧贤,等. 中国大型商业银行跨国并购及其效率影响[J]. 金融论坛,2011(12).
③ 黄德春,张长征,徐艳. 跨国并购能推动中国商业银行经营效率改善吗?——来自中国四家商业银行2000—2008年跨国并购的考证[J]. 投资研究,2012(2).

然而,从银行开放水平的角度对中国银行开放进行定量研究,将银行对外开放、银行对内开放都考虑在内的评价指标体系还无人涉及,不少学者仅将外资银行进入程度作为银行开放水平来研究其对东道国银行的影响。同时,关于银行开放水平对银行竞争力的影响的研究相对较少。但是,随着银行业的开放,中国逐渐融入全球化,在这一过程中,了解中国银行是否具有竞争力以及银行开放对中国银行竞争力的影响非常重要。银行开放是有利于提高东道国银行竞争力,还是银行开放对于东道国银行竞争力的提高会受到其他因素的影响?银行开放是否存在一定的初始条件和路径依赖?以上综述的研究将为本著的研究打开窗户,带来启迪。

第三章 中国银行业开放水平的研究

改革开放以来,中国逐渐融入全球金融市场,中国银行业启动对外开放,中国商业银行也在尝试走出去战略。2001年12月1日中国加入世界贸易组织,2006年年底,中国金融部门加入 WTO 的五年过渡期结束,中国银行业的对外开放程度进一步扩大,同时中国银行业的海外布局步伐也在加快。那么,中国银行业的开放程度经历了怎样的变化?中国银行业的开放处于什么水平?本部分探讨加入 WTO 后,中国银行业开放的变化并对其进行测度。

第一节 商业银行开放水平的概念界定及测度指标体系的建立

银行业开放水平是用以衡量一国银行业开放程度的定量化指标,是研究所有银行业开放问题的基础性问题。合理、有效的测度指标有助于准确把握一国银行业开放的实际情况,更是后续的理论研究和实证分析的基础。

一、商业银行开放水平的概念界定

金融开放包括银行业、证券业与保险业的开放,银行、证券与保险三大金融行业的开放落实到具体项目上实际上就是三大行业具体金融服务项目的开放。三大金融行业的开放最终体现为外资金融机构在本国或地区的金融市场提供各种金融服务,以及允许本国或地区的金融服务主体在境外金融市场提供或接受金融服务。金融服务是金融开放的载体,金融开放的内容可以通过金融服务来实现,而且可以通过四种金融服务模式将这些开放内容体现出来。

金融服务贸易概念最早是在1986年开始的关贸总协定乌拉圭回合谈判中提出的,并在1993年年底达成的《服务贸易总协定》(GATS)的《关于金融服务的附件》中做了具体解释。从GATS对金融服务贸易的相关定义和提供方式来看,金融服务贸易可分为跨境支付、境外消费、商业存在和自然人流动四种模式:(1)跨境交易,是指金融服务的提供者在本国向境外的非居民消费者提供服务,以获取报酬。这种方式是典型的"跨国界贸易型服务"。它的特点是服务的提供者和消费者分处不同国家,在提供服务的过程中,就服务内容本身而言已跨越了国境。这类服务贸易是基于信息技术的发展和网络化的普及而实现的跨越国界的远程交易。(2)境外消费,指金融服务的提供者在本国向当地的非居民提供服务,以获取报酬。它的特点是服务消费者到任何其他成员国境内接受服务。例如一国金融机构对到本国境内旅行的外国消费者提供服务。(3)商业存在,是GATS中最重要的一种服务提供方式,指一国的金融机构到其他国家设立商业机构或专业机构,为所在国和其他成员的服务消费者提供服务,以获取报酬。这种贸易模式可避免跨境交易的限制,迎合了东道国消费者的"本土偏好",还便于外国金融机构与当地建立长期的业务关系。(4)自然人流动,指金融服务提供者以自然人形式到境外为当地消费者提供服务,以获取报酬。它的特点是服务提供者在境外向在该成员国境内的服务消费者提供服务。根据2005年国际贸易统计报告显示,WTO估测的全球服务贸易的提供方式构成如下:跨境交易占35%;境外消费占10%~15%;商业存在占50%;自然人流动仅占1%~2%。以上四种金融服务贸易提供模式中,自然人流动这种模式在实际的交易中所占的份额最小。因此,金融服务贸易的提供方式主要是跨境交易、境外消费和商业存在这三种模式。

在商业银行开放过程中,不仅外国或地区的商业银行为本国居民提供银行服务,而且本国或地区的商业银行走向国际金融市场,为国外的居民提供银行服务。因而商业银行开放包括两个方面,一是东道国国内银行业对外开放,即允许外国金融机构在东道国设立营业性银行类金融机构,并开展相关业务;二是东道国本国商业银行的国际化发展,即本国商业银行到境外设立分支机构,提供各种银行服务。大部分文献仅考虑银行业对外开放,但单一地采用该项指标衡量银行业开放水平是不够全面的。假设东道国的境内注册银行发展较为成熟、竞争力较强,导致外资银行在竞争中处于劣势,在这种情况下,东道国的银行业开放很有可能表现为国内银行积极向海外扩张,而不是外资银行向国内渗透,若仅观察对外开放水平,将导致对该国银行业开放水平的评价过低。

　　总体来说,理论界在金融开放测度上有两种思路:基于官方承诺规则的测度和基于实际情况的测度。官方承诺规则的测度是通过考察一国约束金融开放的法律、法规及其他规范性法律文件来衡量金融开放的程度,反映的是当前一国政府对金融开放的意愿和政策性指引。实际测度则是通过考察金融开放过程中参与主体的行为对市场造成的综合影响,以在某种程度上真实反映金融开放的深度和规模(贝克特等,2005)。依此推理,银行业开放水平也分为官方承诺开放水平和现实银行业开放水平。已有数据表明,商业银行开放的官方承诺开放水平的主要限制为东道国对外资银行市场准入和经营开放的限制,对本国银行到境外提供服务的限制比较少。例如,英国、日本及中国均没有这方面的限制,只有美国1953年的法律做出了关于银行走出去的限制。中国银监会对中资银行走出去的态度为审慎支持、有的放矢、防范风险和持续监管。1953年,美国通过了《联邦储备法》,正式允许自有资金在100万美元以上的美国银行,经联邦储备局批准后可以在国外设立分行并从事跨国银行业务。因而,在官方承诺开放指标的度量上主要考虑中资银行走出去的限制,将中资银行走出去的银行业开放水平统一定为1。银行的具体业务主要包括接收公众存款(deposits)、所有类型的贷款(lending)(包括消费信贷、抵押信贷、商业交易的代理和融资)、金融租赁等。由于中国银行业的主要业务仍然是传统的存款和贷款业务,而其他业务的开展才刚刚起步,所占市场份额也很小,因此本著将主要探讨银行业的存款和贷款业务。

　　现实银行业开放水平衡量的是商业银行开放的实际实现程度,是在官方承诺开放的政策法规下商业银行参与主体的实际表现。现实银行开放水平测度方法有:测度一国在金融开放过程中本国金融市场和金融活动与世界的一体化程度,可通过储蓄率与投资率的关联度、国内外利率差异、股市收益率关联度等进行测量;一国跨境金融交易的总量规模,可通过各种跨国资本流动的规模与经济总量的占比来加以衡量。与基于规则的官方承诺开放水平相比,现实银行业开放水平能更好地表现商业银行开放的真实情况。

　　综上所述,商业银行开放就是指一个国家(或地区)的商业银行服务国际化、外国(或地区)商业银行服务本土化。从静态来看,商业银行开放是指一个国家或地区允许境外金融机构采取跨境交易、商业存在、境外消费以及自然人存在四种贸易形式向本国企业和居民提供多种银行服务。从动态来看，商业银行开放是一个国家或地区逐步消除国内银行服务市场准入和业务经营限制，建立平等、自由的银行业竞争环境，推动本国商业银行国际化发展，逐步融入全球金融一体化的过程，在这个动态过程中，银行业开放水平需从官方承诺开放水平和现实银行业开放水平两个方面来衡量。

二、商业银行开放评价指标体系及测度公式的建立

商业银行开放水平是用以衡量一国银行业开放程度的定量化指标，是研究所有银行业开放问题的基础性问题。依据商业银行开放水平概念的界定，从官方承诺规则和实际情况两方面对银行业开放评价指标体系的建立如下：一是东道国银行业市场准入和经营开放情况。主要考虑一国或地区银行业服务贸易开放程度，涉及市场准入、资本要求、进入形式限制以及相关行政法律限制等，用官方承诺水平来衡量，衡量的主体是对外资银行进入在存贷款方面的限制，从跨境交易、境外消费、商业存在三种模式来探讨。二是外资银行进入的现实银行业开放情况。由于跨境交易和境外消费模式在实际金融服务贸易中难分难解，本著选取金融服务和银行类业务的进口占比来衡量；对于商业存在模式，主要考虑外资银行业务经营情况，选取外资银行在东道国的机构数、资产规模等具体指标评价外资银行进入的现实银行业开放水平。三是中资银行走出去的现实银行业开放的情况。本著选取金融服务和银行类业务的出口占比来衡量跨境交易模式下的开放状况，对于商业存在模式，主要考虑本国商业银行国际化程度，即东道国商业银行在境外设立银行类营业性分支机构数量、资产总额等相关指标。商业银行开放程度的衡量是一个多层次、多指标、系统性决策问题，适合采用多层次分析法。因此，最终指标体系由五级指标组成：一级指标（即最终指标）为商业银行开放水平；二级指标由银行业官方承诺水平和银行业现实开放水平两个指标构成；三级指标分别是银行业对内开放和银行业对外开放指标；四级指标由跨境交易、境外消费和商业存在三种模式构成；五级指标下对于官方承诺水平主要从存款和贷款的承诺水平方面来探讨，对于银行业现实开放水平主要通过银行类业务的进出口情况，外资银行在境内金融机构的数量、资产规模占比，以及中资银行境外资产规模占比来衡量。

（一）银行业开放官方承诺水平的测度说明

官方承诺对外开放包括市场准入开放和经营开放，对于开放水平的测

度借鉴 Valckx 的研究,将银行开放实现途径和方式不同的限制措施情况划分为 0、0.10、0.25、0.50、0.75 和 1.0 六个等级,若某一项目的限制不止一个时,可取其平均值(表 3.1)。Matto 在研究 WTO 各成员国提交的具体承诺表时采用了简化的方法,对三种贸易方式的权重设置见表 3.2。Matto 着重探讨了商业存在这种贸易方式的承诺水平,对于跨境交易和境外消费这两种方式 unbond 赋值为 0,none 赋值为 1,对银行的具体业务 Matto 从存款和贷款角度进行测度。本著继续采用上述赋值和权重来测度本国银行业的开放水平,对于承诺的银行业开放水平选取最严厉的措施给予赋值。存款和贷款权重的设定如下:存款权重 = 银行业存款额/(银行业存款额 + 银行业贷款额),贷款权重 = 银行业贷款额/(银行业存款额 + 银行业贷款额)。

由此,官方承诺水平银行业开放的指标可以具体表述为:

$$L^{\text{dejure}} = \varepsilon L_1^\alpha + \phi L_2^\beta = \varepsilon(\kappa L_1^i + \lambda L_1^j) + \phi \times 1$$

$$= \varepsilon(k \sum_{i=1}^{3} w_i r_i + \lambda \sum_{j=1}^{3} w_j r_j) + \phi \times 1 \quad (3.1)$$

其中,L_1^α 代表官方承诺水平下的对外开放,L_2^β 代表官方承诺水平下的对内开放;ε 和 ϕ 分别为对外开放和对内开放的权重,$\varepsilon + \phi = 1$;i 代表存款,j 代表贷款;κ 表示存款的权重,λ 表示贷款的权重,$\kappa + \lambda = 1$;ω_i 表示在衡量存款的官方承诺水平时,第 i 种贸易模式的权重;r_i 为存款官方承诺开放程度的赋值;w_j 表示在衡量贷款的官方承诺水平时,第 j 种贸易模式的权重,r_j 为贷款官方承诺开放程度的赋值。$\sum_{i=1}^{3} w_i = 1, \sum_{j=1}^{3} w_j = 1$。

表 3.1 银行业对外开放业务中不同限制措施的具体赋值

依次放松的银行服务条件	赋 值
不存在任何与提供模式相关的服务	0.00
没有新的进入或对新进入没有承诺	0.10
歧视的许可证或经济需求测试	0.25
有限的承诺	0.50
外资股权小于 50%	0.50
仅法律形式的限制	0.75
限制经营的数量(分支机构)	0.75
外资股权超过 50%	0.75
限制经营的类型	0.75

续表

依次放松的银行服务条件	赋 值
限制交易或资产的总值	0.75
互惠条件或免除最惠国待遇	0.75
无任何限制	1.00

表3.2　银行服务市场准入标准下不同贸易方式的权重

	商业存在	跨境交易	境外消费
存款	0.85	0.12	0.03
贷款	0.75	0.20	0.05

(二) 外资银行进入东道国的银行业现实开放水平的测度方法

由于境外消费和自然人流动这两种模式在实际交易中所占的份额很小[①],本著对银行业现实的开放水平主要通过跨境交易和商业存在两个服务贸易模式来度量。中国的国际收支平衡表从1997年开始对保险服务和其他金融服务贸易进行了统计,其他金融服务统计的是金融中介服务费用和与有价证券交易有关的佣金。由于中国证券业开放有限,本著以其他金融服务的统计数据来近似测度中国银行业跨境交易模式下银行服务的情况。众所周知,国际收支平衡表是根据复式记账原则编制的,从国外获得的商品与劳务、国内私人的国外资产的增加或国外负债的减少计入借方,在此用以测度跨境交易模式下中国银行业的对外开放;向外国提供的商品与劳务、国内私人的国外资产的减少或国外负债的增加计入贷方,用以测度跨境交易模式下中国银行业的对内开放。[②]

商业存在模式下通常衡量银行业对外开放的指标有两个,第一个是外资银行数目份额,第二个是外资银行资产份额。Claessens等认为当国内银行对外资银行进入的反应非常迅速时,采用数量比例方法得到的结果显著性较强;而当国内银行对外资银行进入的反应较慢,也就是说当外资银行获得一定市场份额后才开始对国内银行的定价、利润等产生影响时,应采用资产比例方法,很明显,中国属于后一种情况。叶欣和黄宪、熊福平等分析外

[①] 根据2005年国际贸易统计报告显示,WTO估测的全球服务贸易的提供方式构成如下:跨境交付占35%;境外消费占10%~15%;商业存在占50%;自然人流动仅占1%~2%。

[②] Thorsten Beck, Asli Demirgüç-Kunt and Ross Levine. Financial institutions and markets across countries and over time—data and analysis[R]. *World Bank Policy Research Working Paper*, No.4943, 2009.

资银行对中国银行业效率影响的结果为：外资银行营业机构占中国国内银行机构数的比例这一变量对各被解释变量都不存在明显的影响关系。从实际数据来看，外资银行营业机构数一直处于上升状态，从 1996 年的 142 家增至 2015 年的 1 044 家。然而，由于中国银行业运行的分支行模式，外资银行营业机构数在中国银行业营业机构数中的占比一直非常低，1996 年该比例为 0.07%，2015 年该比例为 1.1%。① 而且该比例的上升可能主要是由于国内银行的商业化改革带来的机构设置紧缩所致。综上理由，本著采用外资银行占东道国国内银行资产的比重来度量中国银行业的对外开放和对内开放程度。

大多数文献将银行业的对外开放水平等同于银行业开放。然而，如果一个国家的国内银行发展水平较高、竞争力较强，该国的银行业开放很有可能表现为国内银行积极向海外扩张，而不是外资银行向国内渗透，若仅观察对外开放水平，将导致对该国银行业开放水平的评价过低。如果能够有效测算东道国境内注册银行海外分支机构的经营状况，就能更加全面客观地反映该国银行业的开放程度。因而，对商业存在模式下银行业对内开放水平的测量，本著选取了中资银行海外分支机构的资产总和占境内银行业总资产的比例作为衡量指标。由于这一指标衡量的是一国银行业对境内注册银行的"准出"程度，因此简称为银行业对内开放水平。

对中国银行业现实的对内开放水平的计量仍然延续之前的做法，以跨境交易模式和商业存在模式来测度。采用银行服务的出口以及银行类相关信贷的出口等来测度跨境交易模式下的银行业对内开放，采用中资银行海外资产来测度商业存在模式下的银行业对内开放。采用资产比例而非营业机构比例的理由与上面相同。

由此，测度银行业现实的开放水平的指标可以具体表述为：

$$L^{\text{de facto}} = \varepsilon L_3^\alpha + \phi L_4^\beta = \varepsilon \sum_{\alpha=1}^{2} w_\alpha r_\alpha + \varphi \sum_{\beta=1}^{2} w_\beta r_\beta \tag{3.2}$$

其中，L_3^α 代表现实角度下银行业对外开放，L_4^β 代表现实角度下银行业对内开放；w_α 表示在衡量银行业现实的对外开放水平时，第 α 种贸易模式的权重，r_α 为该模式下银行业对外开放的测度值；w_β 表示在衡量银行业现实的对内开放水平时，第 β 种贸易模式的权重，r_β 为该模式下银行业对外开放的测度值。

---

① 数据来源：1997 年度和 2016 年度《中国金融年鉴》。

银行业开放水平评价指标体系的基本结构如图 3.1。

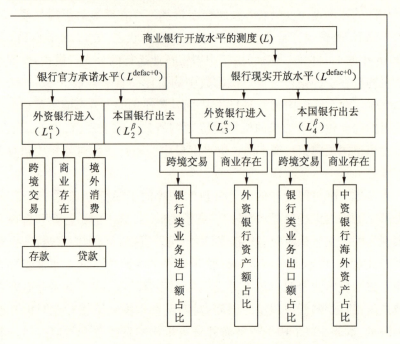

图 3.1 银行业开放水平评价指标体系的基本结构

第二节 中国银行业官方承诺开放水平的测度

一、中国银行业官方承诺开放水平的演进

外资银行进入中国已有一百多年的历史。1949 年之前,外资银行在上海、天津等地设有众多营业机构,在中国银行业占有很高的市场份额。1949 年之后,外资银行逐步撤出中国。按照 Matto 对金融服务贸易的不同提供方式和贸易政策的评估方法,中国银行业对外开放从 1978 年至今经历了五个阶段。

第一阶段是 1979—1984 年,外资银行的进入显示为非营业性的常驻代表机构阶段。

1979 年,中国人民银行批准日本输出入银行在北京设立代表处,拉开了外资银行进入中国金融市场的序幕。1983 年,中国人民银行颁布了《中国人民银行关于侨资、外资金融机构在中国设立常驻代表机构的管理办法》,这是第一部针对外资金融机构的管理规章。该管理办法规定：常驻代表机构包括代表处、联络处和办事处，属非营业性和非直接营利性的派出单位，只能从事联络、洽谈、咨询、服务工作。设在经济特区的常驻代表机构，只能在本经济特区范围内进行上述允许从事的非营利活动。其业务范围主要包括：收集市场经济、金融信息或资料；促进其总行与中国金融业、企业之间的关系，帮助客户发展对外贸易；寻找、建立合资企业伙伴；代表其总行联系融资活动；为代理行业务办理咨询服务和推动银团贷款；等等。人民银行和人民银行的当地分行，有权对侨资、外资金融机构的常驻代表机构及其派出机构的工作进行监督、检查和管理。

第二阶段是1985—1996年，外资银行的进入表现为营业性机构进驻经济特区和沿海开放城市。

1985年，国务院颁布了《中华人民共和国经济特区外资银行、中外合资银行管理条例》，这是中国第一部关于外资金融机构管理的行政法规，对外资金融机构在中国设立营业性机构从法律上给予了保障。该管理条例规定：拟在经济特区设立外资银行、中外合资银行，可向中国人民银行提出申请；中国人民银行根据经济特区发展的需要和平等互利的原则进行审批。对于设立外资银行和中外合资银行的资本金提出明确要求。

1990年9月，为配合国家开发、开放浦东的战略决策，国务院批准上海成为中国除经济特区以外率先获准引进外资营业性金融机构的城市，《上海外资金融机构、中外合资金融机构管理办法》正式颁布实施。该管理办法从机构申请与设立、注册资本和营运资金、业务范围、业务管理、监督检查、解散与清算等方面对外资金融机构和中外合资金融机构在上海的设立与运营做出了明确规定。

1991年6月11日，中国人民银行发布《关于外资金融机构在中国设立常驻代表机构的管理办法》，1983年发布的《中国人民银行关于侨资、外资金融机构在中国设立常驻代表机构的管理办法》同时废止。随后，北京、大连、天津、青岛、武汉、广州、南通、福州、泉州、杭州等沿海重要经济城市也允许外资银行设立常驻代表机构。1992年邓小平同志南方谈话和中共中央关于进一步加快改革开放步伐的决策公布后，经国务院批准，大连、天津、青岛、南京、宁波、福州和广州7个沿海地市允许设立营业性外资金融机构。

1994年4月1日《外资金融机构管理条例》颁布实施，标志着中国对外资银行的开放进入规范化管理阶段，完善了大连等7个城市的外资银行经营和发展的法规环境，为进一步扩大开放区域奠定了法律基础。该管理条例从审慎经营和防范风险的角度,在资本金、营运资金、母行资产规模等方面,对于设立外资金融机构设定了较高的进入门槛。管理条例颁布之后,中国银行业对外开放地区从沿海进一步向内地渗透。

1996年,中国人民银行颁布了《在华外资银行设立分支机构暂行管理规定》,修订了《外国金融机构驻华代表机构管理办法》和《外资金融机构管理条例实施细则》,宣布将设立外资银行业务经营机构的地域扩大到所有中心城市,对外资银行来华设立机构取消了地区限制,业务范围不断扩大。

第三阶段是1997—2001年,外资银行进入表现为上海浦东和深圳部分外资银行试点经营人民币业务。

1996年年底,国务院决定允许外资银行在上海浦东试点经营人民币业务。中国人民银行颁布了《上海浦东外资金融机构经营人民币业务试点暂行管理办法》,选择上海浦东作为允许外资金融机构经营人民币业务的试点地区,批准符合条件的部分外资银行分行参加试点。暂行管理办法规定,外资金融机构申请经营人民币业务必须具备以下条件:在中国开业3年以上,无违法或不良经营记录,且在提出申请前连续2年盈利;在申请前1年,外资银行分行境内外汇贷款月末平均余额在1.5亿美元以上,合资银行、合资财务公司、独资银行和独资财务公司境内外汇贷款月末平均余额在1亿美元以上,境内外汇贷款占其外汇总资产的50%以上。

1997年年初,人民银行根据《上海浦东外资金融机构经营人民币业务试点暂行管理办法》的有关规定,首次批准9家外资银行在上海浦东试点经营人民币业务。1998年继续扩大外资银行试点经营人民币业务的范围,批准了10家外资银行在上海浦东、5家外资银行在深圳试点经营人民币业务。到1997年,除9家外资银行允许从事人民币业务外,外资银行的业务范围仅限于外汇放宽、票据贴现、汇款、担保、进出口结算以及经批准的外汇投资等业务;服务对象限于外国及我国港澳台地区个人、"三资企业"和国有企业的外汇贷款部分。

第四阶段是2002—2006年,为加入WTO后的过渡阶段。

2001年12月11日,中国加入世界贸易组织。按照WTO协议,5年过渡期结束后中国金融业将向外资金融机构全面开放。取消外资银行办理外汇业务的地域和客户限制,外资银行可以对中资企业和中国居民开办外汇业务。允许外资银行设立同城营业网点,审批条件与中资银行相同。取消所有现存的对外资银行所有权、经营和设立形式——包括对分支机构和许可证发放进行限制的非审慎性措施。具体包括:(1)逐步取消外资银行经营人民币业务的地区限制。加入 WTO 后,对外资银行开放深圳、上海、大连、天津 4 个城市;加入 WTO 后 1 年内,开放广州、珠海、青岛、南京、武汉 5 个城市;加入 WTO 后 2 年内,开放济南、福州、成都、重庆 4 个城市;加入 WTO 后 3 年内,开放昆明、北京、厦门 3 个城市;加入 WTO 后 4 年内,开放汕头、宁波、沈阳、西安 4 个城市;加入 WTO 后 5 年内,取消所有地域限制。(2) 逐步取消人民币业务客户对象限制。加入 WTO 后 2 年内,允许外资银行对中国企业办理人民币业务;加入 WTO 后 5 年内,允许外资银行对所有中国客户提供人民币服务。(3) 允许设立外资非银行金融机构,提供汽车消费信贷业务,享受中资同类金融机构的同等待遇。外资银行可在中国加入 WTO 后 5 年内向中国居民个人提供汽车信贷业务。允许外资金融租赁公司与中国公司在相同的时间提供金融租赁服务。

中国银行业开放的这些内容遵循了 WTO《服务贸易总协定》有关金融业开放的五项原则:市场准入原则、国民待遇原则、透明度原则、最惠国待遇原则和不对称原则。

第五阶段是 2007 年至今,外资银行进入表现为法人导向阶段。

按照 WTO 协议,5 年过渡期结束后中国金融业将向外资金融机构全面开放。随着加入世贸组织过渡期结束,人民币业务的全面开放和"法人导向政策"的实施,一些希望在本地发展零售业务的外国银行分行纷纷申请改制为外资法人银行。为负责任地履行加入世界贸易组织的承诺,保障中国银行业依法对外开放,加强和完善对外资银行的监督管理,中华人民共和国国务院于 2006 年 11 月 11 日发布《中华人民共和国外资银行管理条例》(以下简称《条例》),自 2006 年 12 月 11 日起施行,2014 年 7 月 29 日和 11 月 27 日分别对该条例进行了两次修订。《条例》的内容如下:一是根据加入世界贸易组织的承诺,取消外资银行经营人民币业务的地区和服务对象限制,向外资银行开放国内居民个人的人民币零售业务;二是遵循国际监管惯例,充分体现风险监管、合并监管和审慎监管的理念,保护存款人利益,维护银行体系稳健运行;三是体现国家区域经济发展政策,支持和鼓励外资银行在东北、西部和中部发展;四是取消了对外资银行的非审慎措施,并在承诺基础上对外资银行实行国民待遇。

十九大报告提出:实行高水平的贸易和投资自由化便利化政策,全面实行准入前国民待遇加负面清单管理制度,大幅度放宽市场准入,扩大服务业对外开放。2018 年 4 月习总书记在博鳌亚洲论坛上提出:2017 年年底宣布的放宽银行、证券、保险行业外资股比限制的重大措施要确保落地,同时要加快保险行业开放进程,放宽外资金融机构设立限制,扩大外资金融机构在华业务范围,拓宽中外金融市场合作领域。

根据中国加入世贸组织的承诺,在中国注册的外资法人银行在业务范围以及监管标准上逐步与中资银行统一,充分享有国民待遇。外资法人银行可以经营对各类客户的外汇和人民币业务;外资法人银行及其下设分行的注册资本和营运资金与中资银行保持一致,外资银行确定存款或者贷款利率及各种手续费率、交存存款准备金、计提呆账准备金等,按照统一适用中、外资银行的法律、法规执行。外资法人银行应遵守与中资银行相同的资本充足率、授信集中度等资产负债比例管理和关联交易等方面的监管要求。

二、中国银行业官方承诺开放水平的测量——纵向分析

按照上述中国银行业开放的五个阶段,根据公式 3.1 对中国银行对外开放的官方承诺水平进行测评,如表 3.3 所示。

表 3.3 中国银行业官方承诺对外开放水平各阶段的测度值及增长幅度

阶段划分	第一阶段 1979—1984 年	第二阶段 1985—1996 年	第三阶段 1997—2001 年	第四阶段 2002—2006 年	第五阶段 2007 年至今
存款的对外开放水平	0.175	0.217 5	0.302 5	0.515	0.621
贷款的对外开放水平	0.225	0.262 5	0.337 5	0.525	0.619
银行业对外开放水平	0.204	0.242	0.319	0.519	0.620
增长率		18.65%	31.77%	62.97%	19.45%

表 3.3 表明,自 1979 年以来,中国银行业的官方承诺对外开放水平总体上是上升的。在前三个阶段即 1979 年至 2001 年,中国银行业对外开放水平较低,1979 年至 1984 年间仅为 0.204,1984 年至 1996 年间为 0.242,1997 年后,银行业对外开放水平上升幅度较大,1997 年至 2001 年间为 0.319,然而整体而言,中国银行业对外开放处于较低水平。在"入世"过渡期间,对外开放水平上升最快,银行业对外开放水平为 0.519;过渡期结束后,中国银行业对外开放水平为 0.620,对外开放水平继续上升,但上升幅度有所下降。这说明,自 1978 年改革开放以来,中国银行业进行了分阶段、有步骤的对外开放。加入 WTO 后,中国对外开放力度加大,在 2002 年至 2006 年的过渡期内,中国银行业的对外开放上升幅度达到 62.97%,在过渡期结束后,中国银

行业对外开放的上升速度有所下降,为 19.45%,主要呈现出过渡期前后对外开放水平稳步上升的局面。

三、中国银行业官方承诺开放水平的国际比较——横向分析

截至 2017 年 12 月底,WTO 成员国(164 个国家)中有 115 个国家在银行业方面做出水平承诺(07. B. Banking and other Financial Services),其中文莱、古巴、危地马拉、列支敦士登 4 个国家并没有对存款和贷款做出承诺。采用上文所拟定的测度方法对 111 个 WTO 成员的银行业开放的承诺水平进行评估(见附录1),并对中国银行业官方承诺的对外开放水平进行国际比较。首先,对这 111 个国家和地区的银行业存贷款的官方承诺水平进行比较,按照开放程度分别对存款和贷款进行自然排序。中国银行业开放目前处于第五阶段,该阶段中国银行业对外开放水平的存款测度值为 0.62,贷款测度值为 0.62。在所评估的 111 个国家和地区中,中国银行业开放存款的测度值排在第 62 位,贷款的测度值排在第 50 位。其次,由于某些国家的开放程度相同,比如吉尔吉斯斯坦、格鲁吉亚、加纳、肯尼亚、马拉维、莫桑比克、巴布亚新几内亚、所罗门群岛、圭亚那、蒙古、海地、汤加、乌克兰、巴拿马等国家存款的开放程度都是完全开放,并列第一位。按照这种分组排序,将 111 个国家和地区的存款的开放程度排成 24 位,贷款的开放程度排成 28 位,在这种排序中,中国存款的开放程度排在第 10 位,贷款排在第 11 位。由此可知,中国官方承诺的银行业对外开放水平在国际上处于中等水平。但是,与发达市场国家或地区的存款均值 0.77、贷款均值 0.72 相比①,中国银行业对外开放水平还存在一定差距。本著认为其原因可能如下:对于发达国家而言,因为金融业发展水平相对较高,普遍愿意开放银行业市场,对市场准入和以市场准入为前提的国民待遇的限制相对很少;对中国银行业而言,虽然中国银行业已拥有一定的竞争实力与防范风险冲击的能力,但由于中国银行业的发展相对于发达国家还存在很大差距,所以在加入 WTO 的 5 年过渡期结束后,仍然采取了更为审慎的管理方式,对外资银行进行有效控制和监督。比如,由于进入中国的外资银行大多是国际性大银行,这些银行拥有遍及世界的机构网络体系,风险容易在各国之间传递,因此为了有效保护中国金融

---

① 在经合组织提出的发达国家的概念中,有美国、日本、欧盟、加拿大、瑞士、挪威、澳大利亚、新西兰、冰岛和南非 10 个国家和地区对银行业的存款和贷款业务的开放做出了明确承诺,对这 10 个国家和地区的开放程度取平均值,其存款和贷款的平均值分别为 0.77 和 0.72。

体系的安全,中国对外资银行实施法人导向监管,对外资银行分行只允许其经营每笔不少于 100 万元人民币的定期存款业务,而对在中国注册的外资法人银行全面开放人民币业务。

另外,我们看到银行业开放水平和一国的经济发展并非完全正相关,非洲的一些国家,比如加纳、肯尼亚、莫桑比克等,尽管是发展中国家,其银行业开放水平的存款和贷款测度值均为 1,而一些发达国家,比如美国、加拿大等,其银行业开放水平存款测度值仅为 0.67,贷款测度值仅为 0.61。也就是说,虽然发达国家银行业开放水平普遍较高,但开放水平最高的并不是发达国家而是非洲国家。这说明一国银行业开放的官方承诺水平不仅受本国经济发展水平的影响,而且主要受到本国意愿的影响,并且与成员国的谈判能力也密切相关。

第三节 中国银行业现实开放水平的测度

一、外资银行进入中国的银行业现实开放水平的测度

根据公式 3.2 对中国银行业现实的对外开放水平进行测度的结果见表 3.4。由表 3.4 可以看到,自 2002 年以来,无论是在跨境交易模式还是商业存在模式下,中国银行业现实的对外开放水平均表现为先下降后上升再下降的曲折变化趋势。从数据上看,1997 年开始趋势下降和 1997 年东南亚金融危机相吻合,2007 年也是趋势向下发生变化的拐点,时间节点正好和 2007 年左右美国次贷危机相吻合,说明受 1997 年东南亚金融危机和 2007 年左右美国次贷危机的影响,中国银行业现实的对外开放水平有所下降。2002 年是趋势向上的拐点,从该时间节点之后中国银行业现实的对外开放重拾上升趋势,说明随着全球经济的复苏,中国银行业的现实对外开放水平得以不断提高。2009 年曲线趋势趋于平稳,然而,2008 年以来,银行对外开放水平的曲线总体向下,说明自美国次贷危机以来,中国的对外开放水平在下降。

其主要原因可能是:一方面,因为美国次贷危机的影响,中国境内的外资银行在信贷业务方面审批更加严格,尽管 2009 年中国政府推出以政府投资项目为主体的经济刺激方案,然而外资银行参与较少;另一方面,银监会根据《中华人民共和国外资银行管理条例实施细则》做出了外资银行存贷比率不得超过 75% 的规定,也一定程度上影响了外资银行信贷业务的发展。在宏

观经济层面,政府部门也意识到该问题,十九大报告及 2018 年 4 月博鳌亚洲论坛上,对加快银行业开放进程均有强调。

表 3.4 跨境交易和商业存在模式下中国银行业现实对外开放水平的测度①

年份	跨境交易		商业存在		银行业现实对外开放水平/%
	银行服务的进口额/亿元	占服务进口规模比/%	外资银行在华资产额/亿元	占中国银行业资产规模比/%	
1997	3.25	1.16	3 140	3.3	2.87
1998	1.63	0.61	2 830	2.6	2.20
1999	1.67	0.53	2 632	2.1	1.79
2000	0.97	0.27	2 850	2.1	1.73
2001	0.77	0.20	3 739	2.5	2.04
2002	0.90	0.19	3 236	1.3	1.08
2003	2.33	0.42	4 159	1.4	1.20
2004	1.38	0.19	5 823	1.84	1.51
2005	1.59	0.19	7 155	1.91	1.57
2006	8.91	0.88	9 279	2.11	1.86
2007	5.57	0.43	12 525	2.38	1.99
2008	5.66	0.36	13 448	2.16	1.80
2009	6.43	0.40	13 492	1.71	1.45
2010	13.87	0.72	17 423	1.85	1.62
2011	7.47	0.30	21 535	1.93	1.60
2012	19.26	0.68	23 804	1.82	1.59
2013	36.91	1.12	25 577	1.73	1.61
2014	49.40	1.14	27 921	1.62	1.52
2015	26.45	0.61	26 820	1.38	1.23
2016	20.33	0.46	29 286	1.29	1.12
2017	15.99	0.34	32 400	1.29	1.10

数据来源:国家外汇管理局各年度国际收支平衡表;中国银行业监督管理委员会公报(2006—2017)。

---

① 自 1997 年开始中国将金融服务贸易计入国际收支平衡表,以其他金融服务进口数值作为银行业服务进口值。

中国银行业现实的对外开放水平的折线图如图 3.2。

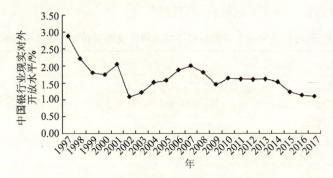

图 3.2　中国银行业现实的对外开放水平

中国银行业现实的对外开放在国际上处于什么水平？本著选择与美国银行业现实的对外开放水平做对比，理由如下：一是美国的金融发展水平相对较高，与美国做比较，可以看出我国与发达国家银行业开放水平之间的差距；二是由于数据搜集的限制和数据的可获得性，美国的相关数据比较规范且易于获得，尽管如此，笔者所搜集的美国银行业的数据只到 1999 年，因而将比较分析的年度设定为 1999 年至 2017 年。

表 3.5　美国和中国现实的银行业对外开放水平比较分析（单位：%）

年份	跨境交易		商业存在		现实对外开放水平	
	美国	中国	美国	中国	美国	中国
1999	4.29	0.53	11.83	2.10	10.33	1.79
2000	5.06	0.27	11.84	2.10	10.48	1.73
2001	4.76	0.20	10.74	2.50	9.55	2.04
2002	3.99	0.19	10.83	1.30	9.47	1.08
2003	3.69	0.42	10.41	1.40	9.07	1.20
2004	3.94	0.19	10.17	1.84	8.92	1.51
2005	3.98	0.19	10.80	1.91	9.44	1.57
2006	4.32	0.88	11.39	2.11	9.98	1.86
2007	5.15	0.43	12.74	2.38	11.22	1.99
2008	4.21	0.36	12.52	2.16	10.86	1.80
2009	3.73	0.40	11.93	1.71	10.29	1.45
2010	3.79	0.72	12.21	1.85	10.52	1.62
2011	3.99	0.30	14.63	1.93	12.50	1.60
2012	3.70	0.68	14.88	1.82	12.64	1.59

续表

年份	跨境交易		商业存在		现实对外开放水平	
	美国	中国	美国	中国	美国	中国
2013	4.67	1.12	16.70	1.73	14.30	1.61
2014	5.18	1.14	16.23	1.62	14.02	1.52
2015	5.23	0.61	15.13	1.38	13.15	1.23
2016	5.08	0.46	13.31	1.29	11.66	1.12
2017	5.20	0.34	14.29	1.29	12.47	1.10
平均值	4.42	0.50	12.77	1.81	11.10	1.55

数据来源：www.federalreserve.gov；www.bea.gov.

由表3.5可知，中国跨境交易模式和商业存在模式下与美国相比均较低，美国跨境交易模式下平均为4.42%，而中国该比例只有0.50%；美国商业存在模式下的外资银行资产占比平均为12.77%，而中国的外资银行资产占比处于相对较低的水平，在考察期内，2001年该比值最高为2.5%，2016年该比值只有1.29%。将中国银行业现实的对外开放水平与美国对比发现，美国现实的对外开放水平平均为11.1%，而中国相对处于较低的水平，为1.55%。综上比较可知，与美国相比，中国银行业现实的对外开放处于比较低的水平，当然这里也有数据方面的差异，中国由于证券业务放开较晚或基本没有放开，所以国际收支平衡表中以金融服务进口数据代表银行服务有一定代表性，而美国由于开放性较高，金融服务进口数据包含银行服务和证券服务的进出口数据，代表银行服务的代表性相对较差。据FitchIBCA提供的Bank Scope数据库统计显示，1996—2003年度世界七个国家的平均外资银行资产占比：日本为2.60%，加拿大为3.94%，美国为6.24%，德国为7.54%，英国为10.21%，意大利为18.19%，最高的法国为21.48%。对1996—2003年中国外资银行占比的数据进行平均化处理，得到中国的平均外资银行资产占比为2.31%。这表明与这七个国家相比，中国银行业现实的对外开放处于比较低的水平。[①]

二、中国银行走出去的银行业现实开放水平的测度

（一）中国商业银行走出去发展现状

国有商业银行实施走出去发展战略，方式以在境外设立营业性分支机

---

① 课题组.国外银行业对外开放的实践与经验借鉴[J].西安金融,2007(1).

构为主,包括设立分行、子银行,目的地有新兴市场国家和地区,也有发达国家和地区。随着1978年改革开放揭开帷幕,进出口等对外经贸往来大幅增加。在这一背景下,当时专营外汇的国家专营银行——中国银行迈出了设立境外机构的第一步。1979年,中国银行在卢森堡设立分行,成为改革开放以来中国银行业在境外设立的第一家营业性机构。在这一时期,中国银行先后在美国纽约(1981年)、法国巴黎(1981年)、开曼群岛(1982年)、澳大利亚悉尼(1985年)、日本东京(1986年)、中国澳门(1987年)和德国法兰克福(1989年)等地设立了分支机构。1993年11月8日,广东发展银行即在澳门地区设立了分行,成为中国股份制商业银行第一家在境外开设分行的银行。

在2003年国有商业银行股份制改革启动前,中国银行又在哈萨克斯坦、俄罗斯、加拿大、韩国、越南、赞比亚、意大利、马来西亚、南非、菲律宾、匈牙利、印度尼西亚等国增设或恢复了分支机构,工行、农行、建行和交行也在一些国家和地区开设了营业性机构。有的银行探索通过兼并收购等形式进入国际市场,如工行收购了香港友联银行、建行参股香港建新银行等。2002年8月28日,招商银行香港分行成立,同年10月,招商银行设立美国纽约代表处。

2004年年初启动国有商业银行股份制改革后,国有商业银行积极推行走出去的战略,在条件成熟的情况下大力拓展境外市场,发展境外业务,不断提高国际竞争力和影响力。如工行已经在美国、澳大利亚、卡塔尔、阿拉伯联合酋长国迪拜国际金融中心设立营业机构;中行制定了详细的境外发展战略,并在其基础上新设了英国子行;建行也提出境外发展5年规划纲要,并开始在美国、英国、澳大利亚、越南等重点国家申请设立机构;交行则已经在德国、中国澳门等地增设了营业机构。截至2016年年底,共有22家中资银行在海外63个国家设立了1 353家分支机构,其中一级分支机构229家。

(二)对中国银行业现实的对内开放水平的测度

对中国银行业现实的对内开放水平的计量仍然延续之前的做法,从跨境交易模式和商业存在模式两方面来测度。采用银行服务的出口额来测度跨境交易模式下的银行业对内开放,采用中资银行境外资产来测度商业存在模式下的银行业对内开放。此处采用资产比例而非营业机构比例的理由与上相同。

表 3.6 跨境交易和商业存在模式下中国银行业现实对内开放水平的测度①

年份	跨境交易		商业存在		银行业现实对内开放水平/%
	银行服务的出口额/亿元	占中国服务出口规模比/%	中资银行境外资产/亿元	占中国银行业资产规模比/%	
1997	0.27	0.08			
1998	0.27	0.11			
1999	1.11	0.38			
2000	0.78	0.22			
2001	0.99	0.25			
2002	0.51	0.11	12 483.49	5.01	4.03
2003	1.52	0.30	14 883.99	5.01	4.07
2004	0.94	0.13	14 814.94	4.68	3.77
2005	1.45	0.17	16 375.45	4.37	3.53
2006	1.45	0.14	17 709.35	4.03	3.25
2007	2.30	0.17	19 532.50	3.71	3.00
2008	3.15	0.19	19 962.99	3.21	2.60
2009	3.56	0.25	22 825.10	2.89	2.36
2010	13.31	0.75	36 355.64	3.86	3.24
2011	8.49	0.42	46 143.07	4.14	3.39
2012	18.86	0.94	57 545.05	4.40	3.71
2013	31.85	1.54	73 381.15	4.96	4.28
2014	45.31	2.07	91 471.15	5.31	4.66
2015	23.34	1.07	106 468.41	5.48	4.60
2016	31.74	1.52	115 134.75	5.07	4.36
2017	34.01	1.65	126 048.64	4.99	4.32

数据来源：各年度国际收支平衡表；中国银行业监督管理委员会公报(2006—2011)。

---

① 中资银行境外资产的数据 2003 年至 2007 年主要来源于银行业监督管理委员会公报，其他年度数据为工商银行、中国银行、建设银行、农业银行和交通银行的境外资产加总而成，数据来源于各银行的年报或由网上搜集得到。

由表3.6可知,跨境交易模式下银行业对内开放的水平整体上处于上升趋势,其时间拐点为2009年。自2009年开始,跨境交易模式下的曲线开始急速上升,意味着2007年美国次贷危机后中国加快了国际化道路的步伐。商业存在模式下银行业对内开放的水平由于数据搜集的原因从2002年开始计量。从2002年开始中资银行境外资产占比呈现先下降后上升趋势,时间拐点也是2009年,银行业现实的对内开放曲线和其一致(见图3.3)。中国银行业现实的对内开放自2002年以来处于下降状态,2009年开始中国银行业的服务出口额以及海外资产的上升导致中国银行业现实的对内开放水平呈现上升趋势。

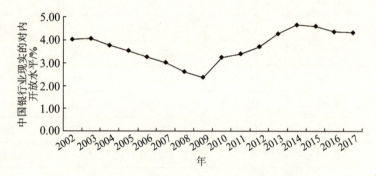

图3.3 中国银行业现实的对内开放水平

仍然选择美国和我国银行业对内开放水平进行国际比较,结果见表3.7。由表3.7可知,虽然中国在跨境交易模式下银行出口额整体趋势是上升的,但是和美国的跨境交易模式下银行出口额占比相差比较大,美国的平均值是27.75%,中国只有0.71%。中国银行业的境外资产占比相比美国也明显较低,美国银行业的境外资产占比在考察期间一直处于10%以上,而中国银行业的境外资产占比不超过6%,2009年境外资产占比仅为2.89%。考察期间美国银行业的境外资产占比的平均值为18.98%,中国银行业的平均境外资产占比仅为4.45%。由中国与美国现实的银行业对内开放水平对比可知,在2002—2017年间,美国现实的银行业开放水平最低的2017年为16.88%,最高的2007年为24.81%,自美国2007年次贷危机以来,美国银行业的海外扩张呈下降趋势;中国现实的银行业对内开放水平自2009年以来呈上升趋势。尽管如此,与美国相比,中国银行业的对内开放水平仍处于较低的水平,与美国银行业的对内开放相比还存在很大差距。

表 3.7 美国和我国现实的银行业对内开放水平的比较分析(单位:%)

年份	跨境交易		商业存在		现实对内开放水平	
	美国	中国	美国	中国	美国	中国
2002	29.02	0.11	20.07	5.01	21.86	4.03
2003	26.18	0.30	18.73	5.01	20.22	4.07
2004	27.72	0.13	18.82	4.68	20.60	3.77
2005	29.69	0.17	21.30	4.37	22.98	3.53
2006	27.23	0.14	21.92	4.03	22.98	3.25
2007	28.78	0.17	23.82	3.71	24.81	3.00
2008	22.62	0.19	22.83	3.21	22.79	2.60
2009	18.43	0.25	22.46	2.89	21.66	2.36
2010	20.14	0.75	22.32	3.86	21.89	3.24
2011	23.78	0.42	23.06	4.14	23.21	3.39
2012	23.13	0.94	17.58	4.40	18.69	3.71
2013	28.74	1.54	17.29	4.96	19.58	4.28
2014	32.79	2.07	15.23	5.31	18.74	4.66
2015	34.99	1.07	13.69	5.48	17.95	4.60
2016	34.77	1.52	12.44	5.07	16.91	4.36
2017	36.03	1.65	12.09	4.99	16.88	4.32
平均值	27.75	0.71	18.98	4.45	20.73	3.70

数据来源:www.federalreserve.gov;www.bis.org。

第四节 中国银行业官方承诺开放水平和现实开放水平的比较及分析

一个完整的金融开放水平的测度体系,应该同时包含官方承诺开放水平和现实开放水平,本著对于银行业开放水平的测算依从该视角。下面对上述测度结果进行比较和分析。

一、中国银行业对外开放和对内开放水平的比较——基于官方承诺视角

上文已有阐述,商业银行开放的官方承诺开放水平主要限制为东道国对外资银行市场准入和经营开放的限制,对本国银行到境外提供服务的限制比较少。因而,在官方承诺开放指标的度量上主要考虑外资银行进入的限制,将中资银行走出去的银行业开放水平统一定为 1。若将公式 3.1 和公式 3.2 中对外开放 ε 和对内开放 ϕ 的权重均设为 0.5①,则银行业官方承诺视角和现实视角下的开放水平见表 3.8 和表 3.9。由表 3.8 可知,自 1978 年改革开放以来,中国银行业官方承诺的对外开放水平一直处于上升状态,然而,与对内开放水平相比,差距还是显著的。这不是个例,是国际上的普遍现象。大部分国家在保持金融市场对外高度开放的同时,对本国金融业提供了保护,使得对外开放水平打了折扣。

表 3.8 官方承诺视角下银行业对外开放和对内开放水平的比较(单位:%)

阶段划分	第一阶段 1979—1984 年	第二阶段 1985—1996 年	第三阶段 1997—2001 年	第四阶段 2002—2006 年	第五阶段 2007 至今
银行业对外开放水平	0.204	0.242	0.319	0.519	0.620
银行业对内开放水平	1	1	1	1	1
银行业官方承诺开放水平	0.60	0.62	0.66	0.76	0.81

20 世纪 70 年代麦金农(McKinnon)和肖(Shaw)针对当时发展中国家普遍存在的"金融抑制"现象而提出的金融深化理论,使众多发展中国家逐步走上了金融开放的改革道路;与此同时,西方发达国家也纷纷在新自由主义的指引下重启了金融自由化进程。无论是发展中国家还是发达国家,都希望通过金融自由化来优化资源配置和分散风险,以促进金融发展和经济增长。然而在实际操作过程中,各个国家对于外资银行的进入有众多的限制,对于本国银行走出去却基本没有限制,即奉行有条件的金融自由化。

---

① 这样假定的依据是,银行业对外开放和银行业对内开放是银行业开放的两个同等重要的方面。

二、中国银行业对外开放水平和对内开放水平的比较——基于现实法则

由于数据搜集的原因,2002 年之前中资银行的境外资产的数据难以得到,本著对现实法则下银行业对外开放和对内开放水平的比较从 2002 年至 2017 年,具体结果见表 3.9。

表 3.9　现实法则下银行业对外开放水平和对内开放水平的比较(单位:%)

年份	银行业对外开放	银行业对内开放	银行业现实开放水平
2002	1.079	4.034	2.556
2003	1.204	4.067	2.636
2004	1.510	3.771	2.641
2005	1.566	3.532	2.549
2006	1.865	3.250	2.557
2007	1.990	3.003	2.496
2008	1.799	2.604	2.201
2009	1.449	2.364	1.906
2010	1.623	3.238	2.430
2011	1.604	3.393	2.499
2012	1.593	3.707	2.650
2013	1.607	4.278	2.943
2014	1.524	4.659	3.092
2015	1.225	4.597	2.911
2016	1.124	4.362	2.743
2017	1.100	4.325	2.712

由表 3.9 可知,现实法则下,中国银行业的对外开放水平低于对内开放水平,这一点和官方承诺水平的结果一致。这一结果预示着不仅各个国家在官方意愿形态上奉行有条件的金融自由化,而且现实层面上的数据也说明了这一点。

三、中国银行业开放官方承诺水平和现实水平的比较

如表 3.10 所示,将银行业官方承诺开放水平的测度值换算为百分数,以

对官方承诺视角和现实法则视角下的银行业开放水平进行比较。自2002年加入WTO以来,中国官方承诺的开放水平处于上升状态。2017年,中国官方承诺的开放水平值为81%,表明中国当前的官方承诺的银行业开放属于"中度开放"状态。然而在实际层面,中国银行业现实的开放水平相对较低。自2002年以来,最高值为3.092%(2014年),最低值仅为1.906%(2009年),不仅明显滞后于国内官方承诺水平,和国外中度开放国家的现实金融开放水平相比,也要低得多。

表3.10 官方承诺视角下和现实视角下中国银行业开放水平的比较(单位:%)

年 份	2002—2006	2007—2017
银行业官方承诺开放水平	76	81
银行业现实开放水平	2.59	2.60

四、结论

中国银行业官方承诺对外开放水平自1979年以来一直处于上升状态。2007—2017年第五阶段内,中国官方承诺对外开放水平值为0.62,存款的官方承诺水平值为0.621,贷款为0.619。在115个世贸组织成员国中,中国官方承诺的银行业对外开放处于中等水平。

自1997年以来,无论是在跨境交易模式还是商业存在模式下,中国银行业现实的对外开放水平均表现为先下降后上升再下降的曲折变化趋势。银行业开放的背景是国际金融大环境,银行业现实的对外开放水平和国际金融形势密切相关,导致中国银行业现实的对外开放水平的波动受1997年东南亚金融危机和2007年美国次贷危机的影响较大。2007年以来,银行对外开放水平的曲线总体向下,说明自美国次贷危机以来,中国的对外开放水平在下降。与美国相比,中国银行业现实的对外开放处于比较低的水平。自2002年以来,跨境交易模式下银行业对内开放的水平整体上处于上升趋势,商业存在模式下银行业对内开放的水平呈现先下降后上升趋势。2009年,跨境交易模式下的曲线开始急速上升,商业存在模式下的曲线也拐为上升趋势,意味着2007年美国次贷危机后中国加快了国际化道路的步伐。与美国相比,中国银行业的国际化程度明显偏低。

无论是从官方承诺视角,还是基于现实法则,中国银行业的对外开放水平均低于对内开放水平,这也是国际普遍现象。各个国家对于外资银行的进入有众多的限制,对于本国银行走出去却基本没有限制,即奉行有条件的金融自由化。意识形态必然反映到实际层面,银行业现实的对外开放水平低于对内开放水平也说明了这一点。

中国官方承诺的银行业开放水平属于"中度开放"状态。相比而言,中国银行业现实的开放水平相对较低,不仅明显滞后于国内官方承诺水平,和美国相比,也要低得多。

第四章
中国商业银行竞争力的研究

随着经济全球化和区域经济一体化的发展,随着外资银行市场准入多边承诺的履行,中国银行业面临的金融格局和竞争环境较之以往也发生了巨大变化,中资银行面临更加激烈的竞争。目前中国银行业改革开放的步伐日益加快,面临的经济金融形势日益复杂,面对的国际竞争压力日益增强,迫切需要提高竞争实力。研究中国商业银行竞争力评价指标体系,对于分析中国商业银行的竞争力变化状况,将评价结果作为商业银行改革发展的参考,供各银行查漏补缺,供监管机构对银行进行评价,均具有重要意义。然而,什么是商业银行竞争力?商业银行竞争力由哪些要素构成?如何测度商业银行竞争力和竞争力变化?本章试图做一尝试,对商业银行竞争力及其评价做进一步研究,构建一个逻辑一致的银行竞争力评价新体系。

第一节 中国商业银行竞争力的概念界定及指标体系的构建

对于什么是商业银行竞争力,学术界尚没有取得非常一致的意见。不同的学者和机构在比较商业银行竞争力时,一般是借鉴企业竞争力理论,考虑商业银行自身经营的特点,各有侧重地构建一定的指标体系进行比较和评价。

一、商业银行竞争力的概念界定

商业银行首先是企业,因而应从企业竞争力角度探讨商业银行竞争力。企业竞争力是一个十分复杂的概念,国内外研究人员从理论和应用角度对其做了诸多研究和分析。比如：世界经济论坛(WEF)和瑞士洛桑国际管理学院(IMD)将企业竞争力定义为"一个公司在世界市场上均衡地生产出比其竞争对手更多财富的能力"。美国《产业竞争力总统委员会报告》认为，企业竞争力是指"在自由良好的市场条件下，企业能够在国际市场上提供好的产品、好的服务，同时又能提高本国人民生活水平的能力"。迈克尔·波特从产业中企业在竞争状态下是否可以维持市场地位，保持与供方和买方的谈判能力，通过成本优势或差异优势获得持续利润的角度，分析了五种驱动产业竞争的力量。

樊纲(2001)认为"经济学上的竞争力概念很简单，就是能不能持续地用较低的成本提供更多、更好的东西。除了现在比别人强，还要不断比别人强，这就是竞争力"①。金碚(2004)认为企业竞争力主要体现为"以更低的价格或者消费者更为满意的质量持续地生产和销售(统计上表现为拥有较高的市场占有率)；并且能够实现经济上长期的良性循环，具有持续的良好业绩(统计上表现为长期具有较高的盈利能力)"②。可见，企业竞争力最终体现在盈利能力上，强调盈利能力的持续性和成长性。

商业银行是企业，但是，商业银行是经营货币和风险的高负债的特殊企业，因而商业银行的竞争力又有不同于企业竞争力的特点。按照WEF和IMD对国家或企业竞争力的定义，银行竞争力最重要的方面就是"持续地创造出比其竞争对手更多财富的能力"。国内研究人员对商业银行竞争力的界定主要有以下方面：一是将商业银行竞争力定义为"商业银行在特定的市场结构下，受供求关系、公共政策影响，进行设计、营销各项金融产品，并获得比竞争对手更多的财富的能力"。这种观点的提出来源于商业银行的业务过程，强调持续的盈利能力，但是该观点忽视了银行的高负债特点，没有将风险因素考虑在内，也没有提出竞争力的主要影响因素。二是从上市企业的角度出发，将银行竞争力定义为"能为股东创造持续高额的未来收益"的能力。这个定义依然忽视了对银行三性"盈利性、安全性、流动性"的兼顾，对于高负债的、高度信息不对称的银行来说，安全性和流动性是非常重要的，在股东利益最大化的理念下银行股东与高管容易达成激励一致，从事高风险业务，忽视风险管理，发生"所有者掠夺"，导致银行风险外溢。而国际清算银行的安德鲁·克罗克认为："在金融领域，为了提高股东回报的竞

---

① 樊纲.要重视发挥"现实竞争力"[J].经贸导刊,2001(11).
② 金碚.何为企业竞争力[J].传媒,2004(6).

争有时会驱使金融机构冒更大的风险。现实中的确存在着竞争驱使某金融机构去承担不合理风险的机制。"在经济金融全球化趋势下,商业银行的运行环境不断变化,可能是平稳的经济环境,也可能是发生金融危机时的恶劣经济环境。因而,商业银行竞争力的界定还要考虑在恶劣经济环境下,保持持续、稳定的经营并抗击各种风险的能力。客观上讲,将企业竞争力的定义直接套用到银行业,会出现过多强调银行的盈利能力而忽视银行的风险特性的结论。

总之,商业银行竞争力的界定,既要体现企业竞争力的本质特性,又要反映出商业银行自身的特性。因而,商业银行的竞争力可定义为:一家银行通过更有效的全面风险管理和全面市场服务持续地比竞争对手创造更多财富的能力。即商业银行竞争力是能够创造更多财富的能力,是以安全性因素、盈利性因素、流动性因素为主体,整合了盈利能力、市场服务能力和风险管理能力在市场竞争中表现出的综合竞争能力。竞争力是商业银行综合实力的表现,由多个方面综合作用形成,这也意味着商业银行的竞争力水平也需要通过一系列指标来体现。下面将围绕给出的定义,从商业银行竞争力的构成要素、评价指标体系设计等方面构建一个逻辑一致的商业银行竞争力评价新体系。

二、商业银行竞争力指标体系的构建

正如上文所阐述的,银行的本质首先是企业,银行要通过改善经营管理、强化金融服务、创新金融产品等措施,赢得市场,留住客户,以获取最大利润,提高和保持竞争力。而银行作为经营货币和风险的特殊企业,要求必须保持一定规模,并以"盈利性、安全性、流动性"为经营原则,通过更有效的全面风险管理和全面市场服务持续地比竞争对手创造更多财富。结合银行作为企业的本质和作为特殊企业的特征,我们试图构建以下指标体系来探讨银行竞争力(见表4.1)。

表4.1 商业银行竞争力评价指标体系

指标类别	指标名称	计算方法	作用方向
盈利性	资产收益率	净利润/资产总额	正向指标
	资本收益率	净利润/资本总额	正向指标
安全性	不良贷款率	不良贷款余额/全部贷款	逆向指标
	贷款拨备率	呆账准备金/不良贷款余额	正向指标

续表

指标类别	指标名称	计算方法	作用方向
流动性	存贷比	贷款余额/存款余额	逆向指标
	流动性比率	流动资产/流动负债	正向指标
创新能力	非利息收入占比	非利息净收入占营业收入	正向指标
	中间业务占比	中间业务净收入占营业收入	正向指标
资本充足性	资本充足率	资本/风险加权资产	正向指标
	核心资本充足率	核心资本/风险加权资产	正向指标
经营效率	成本收入比	营业费用/营业收入	逆向指标
市场实力	存贷款规模	存款总额 + 贷款总额	正向指标

(一) 盈利能力分析

利润最大化是商业银行经营的总目标,也是维持商业银行经营的内在动力。商业银行盈利能力的高低不仅意味着其是否能够给投资者满意的回报,还关系到商业银行是否通过盈利来增加自有资本从而增强银行的抗风险能力,是竞争力评价的首要内容。我们选择资产收益率、资本收益率来反映中国商业银行的盈利能力。资产收益率是净利润与资产总额之比,反映银行全部资产运用的总成果;资本收益率是净利润与资本总额之比,反映所有者投资的获利能力。根据中国银监会《商业银行风险监管核心指标》的要求,资产收益率不应低于0.6%,资本收益率不应低于11%。

(二) 资产安全性分析

资产安全性是中国商业银行竞争力评价的必然组成部分。如果银行在经营过程中过分注重短期赢利而忽视资产安全,会影响其持续盈利能力,严重时甚至危及其生存。目前,贷款仍然是国内商业银行的主要赢利资产,因此,对资产安全考察主要是指对贷款质量的分析,我们选择不良贷款率、拨备覆盖率来反映中国商业银行的贷款安全性状况。不良贷款率是贷款五级分类中后三类贷款(次级、可疑、损失类贷款)占全部贷款的比重,它是衡量资产质量的重要指标,该指标越小意味着不良贷款占比越小,资产的安全性越好,因而该指标是安全性指标的逆向指标;拨备覆盖率指呆账准备金与贷款五级分类中后三类贷款(次级、可疑、损失类贷款)余额的比例。

(三) 流动性分析

流动性是指商业银行保持随时以适当的价格取得可用资金的能力,以便随时应付客户提存及银行支付的需要。掌握适度的流动性是银行经营的关键环节,过高的流动性会使银行丧失盈利机会甚至亏损,过低的流动性则会使银行面临信用危机甚至倒闭。我们选择流动性比率、存贷比来反映上市银行的流动性。流动性比率指商业银行流动资产与流动负债的比例;存贷比率指商业银行各项贷款余额与各项存款余额的比例。流动性比率越高,说明银行的清偿能力越强,流动性风险越小。银行一般通过存贷比来限制贷款规模,即以存款来制约贷款,该比率越低,说明银行流动性越好,该指标为流动性指标的逆向指标。目前,监管部门要求存贷比不应超过75%,流动性比率不应低于25%。

(四) 资本充足性分析

充足的资本是商业银行进行正常经营活动的根本保证,是商业银行防范和抵御风险的最后屏障。我们选择资本充足率、核心资本充足率来衡量商业银行抵补风险损失的能力。核心资本充足率为核心资本与风险加权资产之比,资本充足率为核心资本加附属资本与风险加权资产之比。根据中国银监会《商业银行风险监管核心指标》的要求,资本充足率不应低于8%,核心资本充足率不应低于4%。

(五) 创新能力分析

20世纪80年代以来,银行业进入以金融产品创新为核心的新竞争阶段。在创新能力方面,我们选择了非利息净收入占比和中间业务占比作为衡量的指标。非利息净收入占比指非利息净收入占营业收入的比重;中间业务占比指中间业务净收入占营业收入的比重。非利息收入占比和中间业务占比反映了商业银行的业务多样化程度、业务拓展能力及新兴中间业务的发展状况,是创新能力的主要指标。

(六) 经营效率指标

经营效率反映了银行对实现经营目标的能力。我们选择成本收入比来衡量银行的经营效率。成本收入比是营业费用与营业收入之比,反映了银行每一单位的收入需要支出多少成本,衡量银行经营的相对成本。成本收入比越低,说明银行单位收入的成本支出越低,银行获取收入的能力越强,银行的经营效率越高。由此可见,该指标为经营效率的逆向指标。根据中国银监会《商业银行风险监管核心指标》的要求,成本收入比指标不应高于45%。

(七) 市场实力指标

银行实力与银行竞争力密切相关。一方面,银行在达到一定规模之后,在"太大而不倒"的理论下获得金融监管者支持与救助的能力大增,增加抗风险能力;另一方面,覆盖广泛的经营网点给居民存贷款带来便捷,有利于吸引广泛的客户群,提高银行竞争力。我们选择存贷款规模来衡量银行的市场实力指标,用存款总额加贷款总额来表示。

第二节 中国商业银行竞争力评价的评价方法选择

一、研究方法简介

在衡量各银行历年的竞争力时拟采用多个财务指标,对多变量的平面数据进行最佳综合和简化,在保证数据信息丢失最少的原则下,对高维变量空间进行降维处理,这就需要用到因子分析。

因子分析(factor analysis)的基本思想是根据相关性大小对原始变量分组,使得同组内的变量之间的相关性较高,而不同组变量间的相关性则较低。每组变量代表一个基本结构,并用一个不可观测的综合变量来表示,这个基本结构称为公共因子。通过寻找出一组数目较少的、相互独立的公共因子来代替相对较多的、互相关联的原始变量,而所选取的公共因子能集中反映出原始变量的大部分信息,从而起到浓缩信息、简化指标结构的作用,使所分析的问题变得简单、直观、有效。本著采取因子分析的主成分分析方法提取主成分即公因子,该方法可以把原来多个指标减少到一个或几个综合指标,这些少量的综合指标能够反映原来多个指标所反映的绝大部分信息,并且互不相关,可以避免原始指标的重复信息。同时,指标的减少便于进一步的计算、分析和评价。

提取主成分因子的模型为

$$y_i = u_{i1} + x_1 + u_{i1}x_2 + \cdots + u_{ik}x_k (i=1,2,\cdots,p; j=1,2,\cdots,k) \quad (4.1)$$

式中,x_j 为第 j 个指标,k 为指标的个数(本著中 k 为 12);y_i 为第 i 个主成分因子,p 为提取主成分因子的个数;u_{ij} 为第 i 个主成分因子在第 j 个指标上的负载。

$$y = \sum_{i=1}^{p} \alpha_i y_i (i=1,2,\cdots,p) \quad (4.2)$$

式中,y 为主成分因子的综合得分,y_i 为第 i 个主成分因子,p 为提取主成分因子的个数,α_i 为第 i 个主成分因子方差的贡献率。

本著拟采用的指标体系中,大部分为正向指标,即其值越大,所表示的银行竞争力越大;存在三个逆向指标,即成本收入比、不良贷款率和存贷比,即其值越大,所表示的银行竞争力越小。在指标体系中既有比值形式,也有绝对值形式(市场实力指标),由于各指标的区间取值不同,各指标的量纲不是统一的。为了使这些数据能够在同一表达方式下进行比较,并消除量纲带来的不利影响,本著首先对数据进行标准化(Z化处理)处理,然后采用SPSS 21软件的因子分析功能进行分析。为统一起见,对各银行的因子分析均采取以下步骤和方法:进行标准化处理,采用主成分分析方法,根据特征值大于1、累积方差贡献率大于85%来提取主成分因子,为了简化对因子的解释进行方差极大法旋转(正交旋转),根据方差贡献率计算商业银行的综合竞争力。

二、研究对象的选择、数据的搜集和研究角度的界定

根据传统的分类方法,中国境内的全国性商业银行可分为两类。第一类是在境内外均设有分支机构的大型国有商业银行,不仅经营国内金融业务,而且还经营国际金融业务,在国际金融业务中具有重要地位,包括由中国工商银行、中国农业银行、中国银行、中国建设银行和交通银行5家银行组成的大型国有商业银行(以下简称为工行、农行、中行、建行、交行)。第二类是在全国范围内经营业务的股份制商业银行,主要由招商银行、中信银行、上海浦东发展银行、中国民生银行、中国光大银行、兴业银行、华夏银行、广东发展银行、深圳发展银行、恒丰银行、浙商银行、渤海银行12家银行组成的其他全国性银行[以下分别简称为招行、中信、浦发、民生、光大、兴业、华夏、广发、平安(原深发展)、恒丰、浙商、渤海,统称为中小银行]。

商业银行的信息不透明和由此导致的相关研究数据的难以获得是开展国内商业银行实证研究的主要障碍。但是近年来各大商业银行陆续公布的年报使得商业银行信息披露现状有了很大改观,并为相关研究提供了可能。为了分析各银行竞争力的进步度,各银行相关财务指标的时间序列选自2002—2017年。恒丰、浙商和渤海三家银行由于成立的时间比较短,暂不将其纳入分析对象。广发2005年之前的年报难以获得,光大银行2004年的年报数据搜集困难,2002年和2003年的数据搜集不全,也将其不纳入分析对象。尽管如此,仍有些数据缺失,用插值法计算后进行数据替代。数据主要来源于国内各商业银行的各年度年报和2002—2017年各年度中国金融年鉴以及bankscope。基于此,以工行、农行、中行、建行、交行、民生、招行、中信、浦发、华夏、平安、兴业这12家全国性商业银行为分析的基础。

从目前研究来看,对中国全国性商业银行的竞争力分析或侧重于财务指标的比较,或侧重于对某一年度各银行竞争力的比较。本著则对各银行历年的竞争力进行纵向比较,即使从横截面来研究,也是为了研究各银行竞争力排名的纵向变动。这里重点探讨中国商业银行竞争力评价的纵向动态变化。

第三节 中国商业银行竞争力评价的纵向分析

一、中国五家大型国有商业银行竞争力的测度

国有商业银行也称国有控股大型商业银行,是指由国家(财政部、中央汇金公司)直接控股的商业银行,现在主要有工行、农行、中行、建行、交行共五家。这五家大型商业银行,是银行业的超级航母,2002—2012年间其资产额占银行业资产总额的平均比重为46.47%,其在银行业内的绝对优势地位使得五家国有大型商业银行地位超脱,对银行业施加着重要影响。以下对该五家国有大型商业银行逐一进行分析。

(一)工行竞争力的纵向测度

对工行2002年至2017年的各项指标数据进行标准化处理后,采用因子分析的主成分分析方法对标准化数据进行分析,得到相关系数矩阵、公因子方差、解释的总方差(特征根和特征向量、方差贡献率)、成分矩阵、旋转成分矩阵(正交旋转后的因子负荷矩阵)及成分得分系数矩阵等输出结果,鉴于篇幅限制,这里主要分析解释的总方差(见附录2)、旋转成分矩阵,并计算出工行的综合竞争力。

由附录2可看出,2个主成分的累积贡献率已达87.89%。用主成分y_1、y_2代表原来的12个指标评价工行的竞争力基本可以表达出所有指标信息,而且这两个主成分互不相关,这样就避免了评价指标信息重复的问题。

分析影响工行竞争力的主要指标及其影响程度,对了解工行竞争力变化的原因及提高工行竞争力有重要的启示和指导作用。为了使影响因素更加明晰,这里采用方差极大法即正交旋转法对因子负载矩阵进行正交旋转(见表4.2)。由表4.2可知,对工行竞争力有重要影响的指标主要是不良贷款率、资本收益率、资产收益率、资本充足率、拨备覆盖率、核心资本充足率。不良贷款率和拨备覆盖率反映工行安全性的变化情况,资本收益率和资产

收益率主要反映工行的盈利能力,资本充足率和核心资本充足率反映工行的资本充足性即稳健性,中间业务占比主要反映工行的金融业务创新结果。综上所述,自2002年至今,工行竞争力的变化主要来源于工行安全性和稳健性改善、盈利能力和金融创新的提升。

表4.2 工行:旋转成分矩阵(正交旋转后的因子负荷矩阵)

财务指标	主因子1	主因子2	主成分1的贡献率	主成分2的贡献率	综合负载	按绝对值排名
资本收益率	0.880	0.333	71.453	16.441	0.683 707 95	2
资产收益率	0.785	0.569	71.453	16.441	0.654 530 41	3
不良贷款率	0.902	0.383	71.453	16.441	0.707 720 12	1
拨备覆盖率	0.678	0.551	71.453	16.441	0.575 356 22	5
存贷比	0.719	−0.680	71.453	16.441	0.402 189 41	
流动性比率	−0.763	−0.184	71.453	16.441	−0.575 814 8	
资本充足率	0.769	0.538	71.453	16.441	0.637 851 9	4
核心资本充足率	0.638	0.587	71.453	16.441	0.552 370 48	6
中间业务占比	0.535	0.806			0.515 022 5	
非利息收入占比	0.349	0.926	71.453	16.441	0.401 577 91	
成本收入比	0.503	0.791	71.453	16.441	0.489 177 32	
存贷规模	0.254	0.953	71.453	16.441	0.338 280 02	

注:具有Kaiser标准化的正交旋转法,旋转在3次迭代后收敛。

以各主成分所对应的贡献率为权数进行加权求和,得到综合竞争力得分。综合竞争力走势见图4.1,某些综合得分为负,并不说明该项竞争力为负,而是计算中将原始数据标准化的结果。由图4.1可知,自2002年以来,工行的竞争力水平处于先上升后略微下降的趋势,然而,2008年之前工行的竞争力水平上升趋势非常明显。为顺应我国加入世界贸易组织(WTO)后金融业面临的机遇与挑战,自2002年起,工商银行为实施股份制改革做了大量准备工作。2005年4月21日,国家正式批准中国工商银行实施股份制改革,注资150亿美元,随后中国工商银行顺利完成了财务重组和国际审计。2005年10月28日,中国工商银行由国有独资商业银行整体改制为股份有限公司,正式更名为"中国工商银行股份有限公司",注册资本人民币2 480亿元,全部资本划为等额股份,股份总数为2 480亿股,每股面值为人民币

1元,财政部和汇金公司各持1 240亿股。通过财务重组、发行长期次级债券、资产组合优化等工作,中国工商银行资本实力显著增强,资本充足水平大幅提升。2006年1月27日,中国工商银行与高盛集团、安联集团、美国运通公司3家境外战略投资者签署战略投资与合作协议,获得37.82亿美元的投资;2006年6月19日,工商银行与全国社会保障基金理事会签署战略投资与合作协议,社保基金会以购买工行新发行股份的方式投资180.28亿元人民币。工商银行多元化的股权结构业已形成。2006年10月工行A股和H股同时上市。上市后的工行在刚性的市场约束和市场竞争机制下运行良好,由于工行的境外资产占比较小,在2007年美国次贷危机所致的国际金融恶劣的外部环境下其综合竞争力依然处于上升水平。自2011年始,工行的竞争力开始下降,主要表现为工行的资产安全性略微下降,盈利能力也有所下降。2011年后,面对经济增速下降、利率市场化进程不断加快、融资脱媒日益明显、同业竞争加剧等外部环境变化所带来的诸多挑战,银行业的利润增速整体回落。

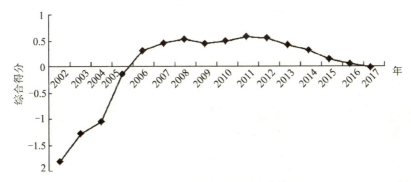

图4.1 工行综合竞争力的走势

(二) 农行竞争力的纵向测度

对农行2002年至2017年的各项指标数据进行标准化处理后,采用因子分析的主成分分析方法对标准化数据进行分析,得到解释的总方差(特征根和特征向量、方差贡献率)、旋转成分矩阵(正交旋转后的因子负荷矩阵)等输出结果,并计算出农行的综合竞争力。

由附录3可看出,按照特征值大于1提取三个主成分因子,三个主成分因子的累积贡献率已达91.28%,这意味着用主成分 y_1、y_2、y_3 代表原来的12个指标评价农行的竞争力基本可以表达出所有指标信息。

为了了解影响农行竞争力的主要指标,本著采用方差极大法即正交旋转法对因子负载矩阵进行正交旋转(见表4.3)。由表4.3可知,对农行竞争力有重要影响的指标主要是成本收入比、资产收益率、存贷规模、不良贷款率、流动性比率、拨备覆盖率和资本收益率。其中成本收入比主要反映了银行的经营效率,资产收益率和资本收益率反映了农行的盈利能力,不良贷款率、拨备覆盖率反映了农行的资产安全状况,存贷规模反映了农行的市场实力。综上所述,自2002年以来农行竞争力的变化主要来源于经营效率的改善、盈利能力的提升、资产安全性的改善和市场规模的扩大。

表4.3　农行：旋转成分矩阵(正交旋转后的因子负荷矩阵)

财务指标	主因子1	主因子2	主因子3	综合负载	按绝对值排名
资本收益率	0.656	0.696	−0.046	0.546 952	
资产收益率	0.854	0.396	0.166	0.641 003	2
不良贷款率	0.760	0.512	0.382	0.617 672	4
拨备覆盖率	0.852	0.242	0.182	0.613 385	6
存贷比	0.073	0.969	0.177	0.233 409	
流动性比率	0.846	0.215	0.295	0.614 35	5
资本充足率	0.496	0.156	0.833	0.420 793	
核心资本充足率	0.422	0.139	0.871	0.373 067	
中间业务占比	0.571	0.645	−0.208	0.468 705	
非利息收入占比	0.525	0.422	−0.694	0.358 039	
成本收入比	0.863	0.399	0.180	0.647 998	1
存贷规模	0.941	0.025	0.188	0.633 384	3

注：具有Kaiser标准化的正交旋转法,旋转在3次迭代后收敛。

以各主成分所对应的贡献率为权数进行加权求和,得到综合竞争力得分(见图4.2)。由图4.2可知,自2002年以来,农行的竞争力水平一直呈现上升趋势。2002年至2007年农行的综合竞争力处于较低水平,原因是该行存在历史包袱过重、不良资产居高不下、资本充足率较低甚至为负、存贷比过高、管理混乱、盈利能力不足等一系列问题,导致银行竞争力一直处于较低水平。2007年农行仍处于股改进程中,2008年国家注资、引进战略投资者等方式的实施,2010年农行A股和H股相继上市,使农行资产质量得到改善,盈利能力获得提升,综合竞争力开始逐步增强。2011年之后,虽然农行的盈利能力有所下降,不良贷款率也略有上升,但随着农行的经营效率的提高、规模的扩大,农行竞争力的整体水平表现平稳。

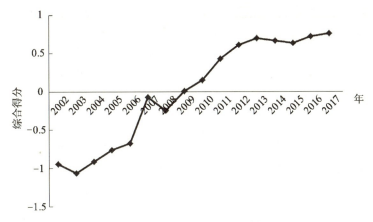

图4.2 农行综合竞争力的走势

(三) 中行竞争力的纵向测度

对中行2002年至2017年的数据进行同样的处理后,由附录4可看出,按照初始特征值大于1的标准提取3个主成分因子,3个主成分因子的累积贡献率已达91.2%。这说明用这3个主成分因子代表原来的12个指标评价中行的竞争力基本可以表达出所有指标信息。

从中行自身角度分析影响工行竞争力的主要指标及其影响程度,能够了解中行竞争力变化的原因。这里同样采用方差极大法即正交旋转法对因子负载矩阵进行正交旋转(见表4.4)。由表4.4可知,对中行竞争力有重要影响的指标主要是资产收益率、资本收益率、不良贷款率、拨备覆盖率。流动性比率和存贷比的综合负载方向为负,说明中行的流动性情况相对较差,对中行竞争力的提升造成了拖累。从上述指标来看,自2002年以来中行竞争力的提升主要来源于中行盈利能力的提升和资产安全状况的改善。

表4.4 中行:旋转成分矩阵(正交旋转后的因子负荷矩阵)

财务指标	主因子1	主因子2	主因子3	综合负载(绝对值)	按综合负载排名
资本收益率	0.958	0.227	0.120	0.717 491	1
资产收益率	0.811	0.349	0.425	0.652 791	2
不良贷款率	0.740	0.083	0.585	0.585 101	4
拨备覆盖率	0.789	0.513	0.231	0.640 343	3
存贷比	−0.166	−0.871	−0.106	−0.229 35	

续表

财务指标	主因子1	主因子2	主因子3	综合负载（绝对值）	按综合负载排名
流动性比率	-0.709	-0.380	-0.549	-0.594 36	
资本充足率	0.454	0.219	0.854	0.420 526	6
核心资本充足率	0.203	0.294	0.920	0.255 931	
中间业务占比	0.478	0.659	0.354	0.446 366	5
非利息收入占比	0.269	0.851	0.130	0.301 644	
成本收入比	0.253	0.767	0.556	0.316 591	
存贷规模	0.264	0.718	0.559	0.318 884	

注：具有Kaiser标准化的正交旋转法，旋转在7次迭代后收敛。

以各主成分所对应的贡献率为权数进行加权求和，得到中行的综合竞争力得分，中行的竞争力变化趋势如图4.3所示。由图4.3可知，自2002年以来，中行的竞争力水平呈现出先上升后下降趋势。2013年之前，中行竞争力大幅上升，原因如下：2004年中国银行稳步推进股改工作，中国银行股份有限公司成立；中行2006年6月在香港H股和内陆A股上市；2008年美国次贷危机对中行影响相对比较小；2009年开始中行上市速度加快。然而，2013年后中行竞争力开始下降，主要原因是中行的盈利能力和资产安全性下降，中行的净资产收益率由2013年的18.04%下降到2017年的12.24%，不良贷款率由2013年的0.96上升到2017年的1.45。盈利能力和资产安全性是影响中行竞争力的首要指标，正因为如此，中行竞争力在2013年后下降比较明显。

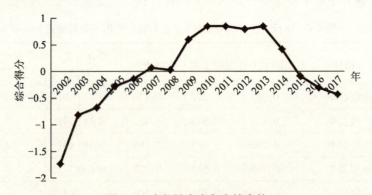

图4.3 中行综合竞争力的走势

(四) 建行综合竞争力的纵向比较

对建行 2002 年至 2017 年的数据进行同样的处理后,由附录 5 可看出,按照累积贡献率不得低于 85% 的标准提取 3 个主成分因子,3 个主成分因子的累积贡献率为 85.48%。这说明用这 3 个主成分因子代表原来的 12 个指标评价建行的竞争力基本可以表达出所有指标信息。

以各主成分所对应的贡献率为权数进行加权求和,得到建行的综合竞争力得分,建行的竞争力变化趋势如图 4.4 所示。由图 4.4 可知,自 2002 年以来,建行的竞争力水平整体处于上升趋势。2003 年建行综合竞争力下降的原因主要是 2003 年国务院做出"建行、中行两家银行进行股份制改造试点"的决定。2004 年国家对中国建设银行进行注资,并剥离了大量不良资产,从而导致 2003 年和 2004 年的年度数据样本无法真实体现银行的经营情况与竞争力水平。2005 年 10 月建行 H 股上市,2007 年 9 月 A 股上市,在刚性的市场约束和市场竞争下,建行的综合竞争力平稳上升,由于建行的境外资产占比较小,又有充足的拨备覆盖率,2008 年美国次贷危机对建行的影响不明显。2011 年后,建设银行也存在盈利能力下降和不良贷款上升的问题,但经营效率的提高、金融创新的提升、资本充足率的改善推动建行竞争力持续上升。

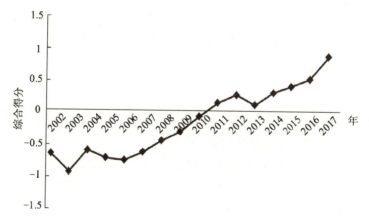

图 4.4 建行综合竞争力的走势

这里同样采用方差极大法即正交旋转法对因子负载矩阵进行正交旋转(见表 4.5)。通过正交旋转后的矩阵可更清晰地了解影响建行竞争力的主要指标及其影响程度。由表 4.5 可知,对建行竞争力有重要影响的指标依次是成本收入比、资产收益率、中间业务占比、拨备覆盖率、资本充足率和核心资本充足率。存贷比和流动性比率的综合负载值比较小,但是方向为负,说明建行的流动性指标对银行竞争力有负面影响。从上述指标来看,自 2002 年以来建行竞争力的提升主要来源于建行的经营效率的提高、盈利能力的上升以及资本充足情况的改善。

表 4.5　建行:旋转成分矩阵(正交旋转后的因子负荷矩阵)

财务指标	主因子 1	主因子 2	主因子 3	综合负载(绝对值)	按综合负载排名
资本收益率	0.757	−0.433	0.147	0.381 321	
资产收益率	0.957	−0.127	0.168	0.556 306	2
不良贷款率	0.769	−0.060	0.539	0.488 283	
拨备覆盖率	0.897	0.111	−0.023	0.548 246	4
存贷比	−0.228	−0.932	−0.109	−0.312 13	
流动性比率	−0.104	−0.195	−0.911	−0.172 45	
资本充足率	0.758	0.323	0.434	0.542 239	5
核心资本充足率	0.670	0.440	0.476	0.515 003	6
中间业务占比	0.852	0.287	0.122	0.565 264	3
非利息收入占比	0.755	0.433	−0.017	0.523 212	
成本收入比	0.857	0.298	0.330	0.587 434	1
存贷规模	−0.012	0.847	0.184	0.161 204	

注:具有 Kaiser 标准化的正交旋转法,旋转在 5 次迭代后收敛。

(五)交行竞争力的纵向测度

对交行 2002 年至 2017 年的数据进行同样的处理后,由附录 6 可知,按照初始特征值大于 1 的标准从交行的财务指标中可以提取 2 个主成分因子,2 个主成分因子的累积贡献率为 88.96%。

以各主成分所对应的贡献率为权数进行加权求和,得到交行的综合竞争力得分,交行的竞争力变化如图 4.5 所示。由图 4.5 可知,自 2002 年以来,交行的竞争力水平处于上升趋势。交行作为全国性的股份制商业银行,一直探讨引进战略投资者,外援的加入使交行的市场运营受益良多。2007 年交行在 A 股上市后在市场约束和市场竞争环境下,综合竞争力平稳上升。虽然交行境外资产持续增加,但是 2008 年交行受美国次贷危机影响较小,盈利能力虽略有下降,然而影响交行综合竞争力的首要指标是金融创新能力、经营效率和市场规模,这些指标表现平稳上升,因而交行的竞争力平稳上升。

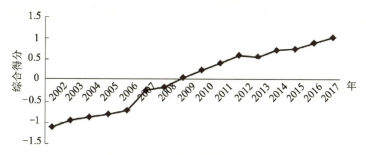

图 4.5　交行综合竞争力的走势

交行的正交旋转矩阵显示中间业务占比、存贷规模、非利息收入占比、成本收入比、核心资本充足率、存贷比对交行竞争力的变化影响很大(见表4.6)。这说明,自 2002 年以来交行竞争力变化的主要原因是金融创新能力的提升、经营效率的提高和资产安全状况的改善。存贷比的方向为负,说明交行的存贷比指标对银行竞争力有负面影响。①

表 4.6　交行:旋转成分矩阵(正交旋转后的因子负荷矩阵)

财务指标	主因子 1	主因子 2	综合负载	按综合负载绝对值排名
资本收益率	0.132	0.954	0.288 156	
资产收益率	0.430	0.880	0.476 223	
不良贷款率	0.413	0.812	0.450 574	
拨备覆盖率	0.717	0.517	0.596 61	
存贷比	−0.934	0.005	−0.635 77	6
流动性比率	0.092	−0.950	−0.134 85	
资本充足率	0.654	0.635	0.578 063	
核心资本充足率	0.813	0.395	0.636 68	5
中间业务占比	0.935	0.314	0.702 837	1
非利息收入占比	0.965	0.071	0.672 486	3

---

① 实际上,对于交行的存贷比指标笔者一直有些疑惑,如果和其他银行一致,简单地用贷款比存款,交行的存贷比指标普遍高达 90% 以上。然而交行的年报上一直公布有存贷比指标,本书中所用指标均为年报中公布的数据。

续表

财务指标	主因子1	主因子2	综合负载	按综合负载绝对值排名
成本收入比	0.855	0.355	0.6565	4
存贷规模	0.980	0.138	0.696727	2

注：具有 Kaiser 标准化的正交旋转法，旋转在3次迭代后收敛。

（六）五家大型国有商业银行的竞争力纵向比较结论

对五家大型国有商业银行的财务数据进行标准化处理后，各银行的时间序列数据虽然在同一方式下表达，但各银行的横截面数据并不在同一标准下，所以工行、农行、中行、建行和交行五家大型国有商业银行的时间序列的竞争力综合得分不能进行横向比较。这里仍将五家银行的竞争力得分放在同一图形(见图4.6)中，以比较银行竞争力的上升速度。

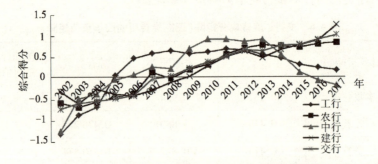

图4.6 五家国有商业银行的综合竞争力比较分析

由图4.6可知，五家大型银行的综合竞争力总体呈现上升趋势，2011年后，面对经济增速下降、利率市场化进程不断加快、融资脱媒日益明显、同业竞争加剧等外部环境变化所带来的诸多挑战，银行业的利润增速整体回落，资产安全性下降。具体表现为，2011年之后，工行和中行的综合竞争力明显下降，而农行、建行和交行因影响竞争力的关键指标改善依旧保持上升势头。

五家大型银行的综合竞争力波动性比较大，尤其是2008年之前波动剧烈。其波动的原因与五家国有商业银行在国家支持下进行股份制改革密切相关(见附录7)。中国银行业曾经背负着沉重的不良资产包袱，较差的资产质量一度引起国外金融界关于中国银行业已经在理论上破产的言论。工行、农行、中行、建行和交行，尤其是四大国有商业银行在国家的大力支持下，经过不良资产剥离、战略重组、汇金注资、引进战略投资者，进而上市后，其各方面的能力均有所提高,尤其是盈利能力显著提高,说明国有商业银行的股份制改革成效明显。目前五家大型国有商业银行,在刚性的资本约束下管理能力和盈利能力继续向好,表现在五家大型国有商业银行的盈利能力均有很大提升,并对五家银行综合竞争力的上升有重要影响。同时,从1999年,尤其是2003年开始国有银行业开始注重风险的控制,对四大国有商业银行开始进行不良资产剥离,不良贷款的减少显著提高了其风险控制能力。2004年和2008年,汇金直接向银行注资控股极大地提高了中国国有银行的资本充足率。2006年,中国银监会出台《商业银行风险监管核心指标》,继续加强风险管理,中国所有商业银行资本充足率不低于8%,核心资本充足率不低于4%,否则其机构扩张、业务发展和股东分红都将受到限制。五家大型国有商业银行通过国家注资或者引入战略投资者或者H股A股上市或者发行次级债大量补充资本金,资本充足率和核心资本充足率大幅提升。同时由于银行自身转变意识,加强对风险的控制,大幅提高了拨备覆盖率。

  在四大国有商业银行的综合竞争力上升的过程中,盈利能力的上升发挥着重要作用。影响工行综合竞争力上升的指标中资本收益率和资产收益率排在第二位和第三位,农行为第二位和第七位,中行为第一位和第二位,建行的资产收益率排在第二位。然而,交行的这两个指标对银行竞争力变化的综合负载下降了不少,说明2012年之前交行比较注重盈利能力的提升,2012年之后,交行的金融创新能力和经营效率的提升是重点。

  在五家大型银行综合竞争力上升的过程中,资产安全系数的大幅提高起着重要作用。工行、农行、中行和建行的资产安全性的改善对这四家银行综合竞争力的提升有很大影响。工行、中行、建行和交行的资本充足率的上升对综合竞争力的影响也是显著的。

  五家大型银行的流动性指标的贡献除了农行以外普遍表现不太好。影响农行综合竞争力提升的流动性指标为正,且流动性比率的综合负载为61.459 4%。影响其他四大行的流动性指标或者两个指标均为负,或者其中一个指标为负,其中中行、建行和交行的流动性指标对银行竞争力的提升形成了明显的拖累。对于流动性比率,中国监管部门设置了25%的最低监管要求,然而商业银行总体流动性过剩,比如在2002年至2017年的考察期内,中行的流动性比率最低为43.2%(2010年),建行的流动性比率最低为41%(2007年),远高于最低监管要求,过高的流动性比率对银行综合竞争力的提升反而起到阻碍作用。

影响五家大型银行综合竞争力的金融创新能力指标,交行在该指标方面贡献最大,排在第一位和第三位,综合负载为 70.28%,正是由于金融创新能力的提高,交行综合竞争力上升速度很快。建行金融创新指标排在第三位,中行该指标排在第五位。其他两大银行金融创新指标贡献与综合竞争力的效应不是很突出。这说明自 2002 年以来,尽管各银行开始重视金融创新,明显加快了金融创新的步伐,然而相比之下,除交行、建行和中行之外,各银行的金融创新成果都不是很明显。与 2002—2012 年考察期间的结果相对比,发现对工行综合竞争力上升贡献度比较大的是金融创新指标,该指标排位分别为第二位和第三位。而当考察期间放宽至 2002—2017 年时,金融创新指标的贡献度不明显。

在五家大型银行综合竞争力上升的过程中,经营效率的上升也发挥着重要作用。影响农行综合竞争力上升的经营效率指标排在第一位,建行的经营效率指标排在第一位,交行的该指标排在第四位。这说明这三家大型商业银行综合竞争力的上升和其经营效率的提高有很大关系,其他两家经营效率的贡献度较小。

工行、农行、中行、建行和交行五家大型银行的综合竞争力总体呈现上升趋势,其原因和农行、交行存贷规模的上升有很大关系。影响农行综合竞争力提高的指标中存贷规模排在第三位,综合负载为 63.3%;对交行综合竞争力提升具有贡献的指标中存贷规模排在第二位,综合负载为 77%。由此可见,规模因素在银行业竞争力提高方面具有重要作用。

二、中国七家全国性中小银行竞争力的测度

在七家全国性中小银行中,民生、招商、中信和浦发银行往往被称为"明星"银行,因为它们拥有优质的资产、创新的管理、规范的市场操作和国际接轨的服务理念。因而,在具体测度七家全国性中小银行的竞争力时,将民生、招商、中信和浦发银行放在一组进行测度,将华夏、平安(原深圳发展银行)和兴业放在一组进行测度。

(一)民生、招商、中信和浦发银行竞争力的纵向测度

对民生、招商、中信和浦发的时间序列指标数据进行同样的标准化处理以及因子分析,得到四个银行的解释的总方差(特征根和特征向量、方差贡献率)、旋转成分矩阵(正交旋转后的因子负荷矩阵)等输出结果,并计算出四个银行的综合竞争力。

由附录 8 可知,从民生银行的财务指标中可提取 3 个主成分因子,3 个

主成分因子的累积贡献率为91.55%；从招商的财务指标中可提取3个主成分因子,累积贡献率为87.23%；从中信的财务指标中可提取3个主成分因子,累积贡献率为85.65%；从浦发的财务指标中可提取3个主成分因子,累计贡献率为90.96%。这意味着用这些主成分因子代表原来的12个指标基本可以表达出所有指标信息。

为了了解影响民生、招商、中信和浦发银行竞争力的主要指标,本著采用方差极大法即正交旋转法对因子负载矩阵进行正交旋转(见表4.7)。由表4.7可知,对民生银行竞争力有重要影响的指标主要是中间业务占比、存贷规模、成本收入比、非利息收入占比、核心资本充足率和资产收益率。说明民生银行竞争力提升的主要源头为金融创新的卓有成效、市场实力的上升、经营效率的增强以及盈利能力的上升。对招行竞争力有重要影响的指标是中间业务占比、存贷规模、成本收入比、存贷比、非利息收入占比、核心资本充足率和非利息收入占比,其中存贷比综合负载的方向为负。说明招行竞争力提升的主要源头为金融创新的卓有成效、市场实力的上升、经营效率的提高和资产充足率状态的改善,流动性对招行竞争力造成了不小的拖累。对中信银行竞争力有重要影响的指标主要是存贷规模、中间业务占比、成本收入比、非利息收入占比、存贷比和拨备覆盖率,其中存贷比综合负载为负。说明中信银行竞争力提升的主要源头为市场实力的上升、金融创新的卓有成效以及经营效率的提高,存贷比对中信银行竞争力变化影响为负方向。① 对浦发银行竞争力有重要影响的指标是成本收入比、资本充足率、核心资本充足率、存贷规模、资产收益率和中间业务占比。说明浦发银行竞争力提升的主要源头为经营效率的增强、资本充足情况的改善、市场实力的上升、金融创新的卓有成效和盈利能力的提高。综上所述,自2002年以来民生、招商、中信和浦发银行竞争力提升的主要源头大致均为金融创新的卓有成效、市场实力的上升、经营效率的增强和资产安全系数的提高,流动性指标的综合负载方向为负,意味着民生、招商、中信和浦发银行的流动性与盈利能力的反方向变动进而与银行竞争力的反方向变动。

---

① 中国银监会于2009年年初调整部分信贷监管政策,对资本充足率、拨备覆盖率良好的中小银行,允许有条件地适当突破存贷比。2015年,国务院常务会议通过了《中华人民共和国商业银行法修改案》,删除了存贷比不得超过75%的规定。存贷比指标的计算公式为贷款/存款,更多是从流动性考虑,如果贷款过多,该指标过大,会带来流动性风险。然而,随着银行的发展,银行融资的途径越来越多,对该指标的限制逐渐宽松。另外,该指标越大,制约着银行的盈利能力,所以大部分银行该指标的综合负载为负。

表 4.7 民生、招商、中信、浦发银行旋转成分矩阵（正交旋转后的因子负荷矩阵）

财务指标	民生：综合负载	按绝对值排名	招商：综合负载	按绝对值排名	中信：综合负载	按绝对值排名	浦发：综合负载	按绝对值排名
资本收益率	0.192 766		0.140 089		0.021 517		0.037 207	
资产收益率	0.498 535	6	0.376 149		0.238 966		0.541 967	5
不良贷款率	0.053 91		0.338 597		0.376 856		0.357 802	
拨备覆盖率	0.374 601		0.347 632		0.400 049	6	0.376 134	
存贷比	-0.176 48		-0.514 37	4	-0.452 58	5	-0.285 4	
流动性比率	-0.306 34		0.034 79		-0.196 8		-0.141	
资本充足率	0.491 424	7	0.397 473		0.316 827		0.583 121	2
核心资本充足率	0.521 676	5	0.491 285	5	0.277 18		0.579 064	3
中间业务占比	0.559 751	1	0.588 488	1	0.566 137	2	0.512 066	6
非利息收入占比	0.548 334	4	0.425 226	6	0.474 343	4	0.303 981	
成本收入比	0.553 238	3	0.545 967	3	0.492 235	3	0.585 97	1
存贷规模	0.559 501	2	0.585 964	2	0.571 863	1	0.565 828	4

注：具有 Kaiser 标准化的正交旋转法，旋转分别在 3、5、4 和 4 次迭代后收敛。

以各主成分所对应的贡献率为权数进行加权求和,得到民生、招商、中信和浦发银行的综合竞争力得分(见图4.7)。由图4.7可知,自2002年以来,民生、招商、中信和浦发银行的竞争力水平一致呈现上升趋势。民生银行2008年由于积极的境外策略的影响,本年度综合竞争力有所下降,于2009年重启H股上市之旅,在稳健经营下金融创新效果明显,市场实力大幅提升,经营效率明显增强,综合竞争力上升速度较快。2009年招商银行竞争力有所下降,是因为积极推行国际化经营战略,对外并购活跃,境外机构布局加快,资本消耗较大,受国际金融危机影响,收益率下降所致。中信银行经营稳健,综合竞争力自2006年后稳步上升,由于涉外资产较少,国际金融危机对之影响甚少。2002年至2012年的考察期内,浦发银行竞争力稳步上升,得益于浦发银行积极探索金融创新,市场实力持续扩大,经营效率不断增强,由于涉外资产较少,国际金融危机的影响不明显。2015年后,受国内经济增速下降、利率市场化进程等影响,民生和浦发银行综合竞争力略有下降,招行和中信银行竞争力平稳上升。

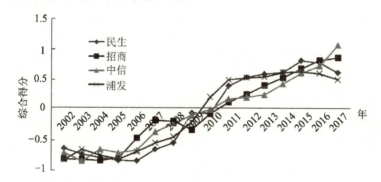

图4.7 民生、招商、中信和浦发银行综合竞争力的评价结果

(二)华夏、平安和兴业银行竞争力的纵向测度

对华夏、平安和兴业银行的财务数据进行标准化处理以及因子分析后,得到三个银行的解释的总方差(特征根和特征向量、方差贡献率)、旋转成分矩阵(正交旋转后的因子负荷矩阵)等输出结果,并计算出三个银行的综合竞争力。

由附录9可知,华夏银行的财务指标按照累积贡献率不低于85%,可提取3个主成分因子,3个主成分因子的累积贡献率为91.455%;平安银行的财务指标按累积贡献率不低于85%的标准,提取3个主成分因子,累积贡献率为89.59%;兴业银行的财务指标根据特征根大于1,可提取3个主成分因子,3个主成分因子的累积贡献率为91.37%。

从正交旋转矩阵可知,对华夏、平安和兴业银行竞争力影响的主要指标如下(见表4.8):对华夏银行竞争力有重要影响的指标主要是非利息收入占比、中间业务占比、存贷规模、存贷比、核心资本充足率、成本收入比;对平安银行竞争力有重要影响的指标是中间业务占比、存贷规模、存贷比、成本收入比、核心资本充足率、资本充足率;对兴业银行竞争力有重要影响的指标主要是中间业务占比、存贷规模、成本收入比、核心资本充足率、资本充足率和资产收益率。综上所述,自2002年以来,华夏银行竞争力提升的主要指标为金融创新能力的发挥、市场实力的上升、经营效率的提高和资产充足率情况的改善,存贷比作为流动性指标为负,综合负载为-0.65,对华夏银行竞争力的上升造成拖累;平安银行竞争力提升的主要指标为创新能力的改善、市场实力的上升、经营效率的提高、资产安全性的改善,资本充足情况也发挥了一定的作用;兴业银行竞争力提升的主要指标为金融创新能力的发挥、经营效率的提高、市场实力的上升以及资产安全性的提高。

表4.8 华夏、平安和兴业:旋转成分矩阵(正交旋转后的因子负荷矩阵)

财务指标	华夏:综合负载	按绝对值排名	平安:综合负载	按绝对值排名	兴业:综合负载	按绝对值排名
资本收益率	0.127 538		0.133 327		0.211 011	
资产收益率	0.566 718		0.432 558		0.465 207	6
不良贷款率	0.367 824		0.429 508		0.404 22	
拨备覆盖率	0.286 352		0.312 936		0.452 087	
存贷比	-0.654 76	4	0.604 901	3	-0.157 21	
流动性比率	-0.351 98		0.473 399		0.022 457	
资本充足率	0.540 18		0.438 345	6	0.576 101	5
核心资本充足率	0.607 859	5	0.579 138	5	0.588 397	4
中间业务占比	0.708 618	2	0.654 342	1	0.612 592	1
非利息收入占比	0.710 029	1	0.032 149		0.436 15	
成本收入比	0.589 515	6	0.601 258	4	0.590 292	3
存贷规模	0.682 267	3	0.653 887	2	0.591 556	2

注:具有Kaiser标准化的正交旋转法,旋转分别在5、6和4次迭代后收敛。

以各主成分所对应的贡献率为权数进行加权求和,得到华夏、平安和兴业银行的综合竞争力得分(见图4.8)。由图4.8可知,自2002年以来,华夏银行的竞争力水平整体呈现上升趋势,华夏银行2006年4月引进战略投资者,2006年11月发行次级债,2007年6月发行混合资本债等举措补充资本金,并引进先进的管理机制,资本充足情况得到改善,大幅提升了金融创新能力和盈利能力,使华夏银行的综合竞争力稳步上升。平安银行的竞争力水平大致呈现上升趋势,只有2003年竞争力有所下降,主要原因是这期间平安银行的盈利能力下降,主要表现为总资产收益率只有0.18,核心资本充足情况只有3.24,存贷比为69.67。2005年平安推进不良资产管理架构改革,2005年1月1日后新审批发放的各项贷款不良率低于1%,同时关注类贷款余额和比率出现双降,不良贷款清收的力度也在加大,旧贷款向下迁徙为不良贷款的速度在放缓。自2002年以来,兴业银行的竞争力水平均呈现大致上升的趋势,兴业银行2006年竞争力有所下降,主要是由于本年度金融创新能力显著减弱,流动性指标下降。

图4.8 华夏、平安和兴业银行综合竞争力的评价结果

(三) 中国七家全国性中小银行竞争力的纵向测度比较

民生、招商、中信、浦发、华夏、平安、兴业七家全国性股份制银行由于横向数据不在同一表达标准下,因此横向数据不能进行比较,但是,从综合竞争力的纵向测度指标来看,七家股份制银行的综合竞争力总体呈现上升趋势。这里仍将七家银行的竞争力得分放在同一图形(见图4.9)中,以比较银行竞争力的上升速度。

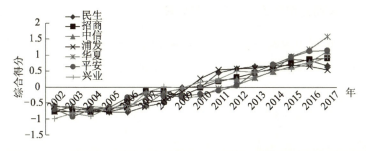

图4.9 民生、招商、中信、浦发、华夏、平安和兴业银行综合竞争力比较

七家股份制银行综合竞争力均呈现稳定的上升趋势。在这个过程中，盈利能力指标的作用不是很显著。影响七家股份制银行综合竞争力上升的盈利能力指标(除民生、浦发和兴业之外)大多数都排不进前六位，民生银行的该指标排在第六位，浦发银行的该指标排在第五位，兴业银行也只排在第六位。说明七家股份制银行综合竞争力的提升和其盈利能力的提高关系不是特别明显。资产安全性指标也是如此，只有中信银行的拨备覆盖率对竞争力的综合负载排在第六位，其他银行所受影响均不明显。

七家股份制银行的流动性指标对银行综合竞争力的影响大多是负向效应，招商、中信和华夏的负向综合负载分别排在第四位、第五位和第四位，说明和五家大型国有商业银行类似，流动性指标对我国银行综合竞争力的提升起到一定的阻碍作用。可见，流动性过剩是中国银行业普遍存在的问题。

七家股份制银行的共性是贡献于综合竞争力上升的重要财务指标中均有中间业务占比和成本收入比，而且除浦发银行以外，中间业务占比在各个银行的综合负载排名中均名列前茅(第一位或者第二位)。这意味着七家全国性的中小银行在发展运营及与大型国有商业银行竞争的过程中，都比较重视金融创新，比较重视银行产品的个性化和差异化，经营效率相对比较高。

七家股份制银行的另一个共性是贡献于综合竞争力上升的重要财务指标之一是存贷规模，影响七家银行综合竞争力提高的存贷规模的综合负载均在55%以上，均排在前四。这说明七家全国性的中小银行在发展运营过程中，市场实力上升的速度非常快。

第四节　中国商业银行竞争力评价的横向分析

一、中国商业银行竞争力的横向比较

对某一年度中国商业银行竞争力的排名已有不少学者进行了研究，本著在此逐一分析2002年至2017年中国商业银行的竞争力，对中国商业银行竞争力进行横向比较，以更好地了解中国商业银行综合竞争力的变化情况。

表 4.9　中国商业银行综合竞争力得分

年份	工行	农行	中行	建行	交行	中信	华夏	平安	浦发	兴业	民生	招商
2002	-0.43	-1.17	0.28	-0.31	-0.50	0.64	0.46	-0.28	0.57	-0.11	0.43	0.42
2003	-0.80	-1.05	-0.55	-0.16	-0.01	0.23	0.46	0.21	0.49	0.44	0.53	0.21
2004	-0.46	-1.19	0.41	0.75	0.05	0.00	-0.09	-0.52	0.28	0.10	0.31	0.36
2005	0.59	-1.22	0.38	0.85	0.31	0.12	0.03	-0.78	-0.20	-0.09	-0.13	0.13
2006	0.93	-0.29	0.84	0.57	0.14	-0.18	0.05	-0.74	-0.45	-0.52	-0.54	0.18
2007	0.40	-0.87	0.61	0.43	0.11	0.13	-0.46	-0.42	-0.25	0.16	-0.37	0.53
2008	0.46	0.67	0.40	0.59	0.19	0.18	-0.24	-0.90	-0.24	-0.30	-0.52	-0.28
2009	0.84	0.03	0.23	0.83	0.29	-0.25	-0.75	-0.49	0.07	0.05	-0.31	-0.55
2010	0.65	0.38	0.53	0.92	0.08	-0.04	-0.95	-0.52	-0.10	-0.13	-0.53	-0.27
2011	0.59	0.65	0.68	0.75	-0.02	-0.21	-0.31	-0.33	-0.79	-0.55	-0.19	-0.28
2012	0.68	0.18	-0.03	0.43	-0.25	-0.54	-0.63	-0.85	-0.16	0.61	0.34	0.22
2013	0.85	0.18	0.32	0.71	-0.19	-0.35	-0.58	-0.71	-0.29	-0.07	0.17	-0.03
2014	0.85	-0.38	0.32	0.61	-0.28	-0.48	-0.75	-0.21	0.00	0.05	0.16	0.11
2015	0.63	-0.30	0.26	0.62	-0.36	-0.44	-0.72	-0.55	-0.01	0.24	0.13	0.49
2016	0.69	-0.13	0.13	0.70	-0.29	-0.59	-0.72	-0.23	0.12	0.36	-0.30	0.27
2017	0.66	0.58	0.31	0.72	-0.09	-0.57	-0.42	-0.18	-0.46	-0.08	-0.68	0.21

表 4.10　中国商业银行综合竞争力排名

年份	工行	农行	中行	建行	交行	中信	华夏	平安	浦发	兴业	民生	招商
2002	10	12	6	9	11	1	3	8	2	7	4	5
2003	11	12	10	9	8	5	3	7	2	4	1	6
2004	10	12	2	1	7	8	9	11	5	6	4	3
2005	2	12	3	1	4	6	7	11	10	8	9	5
2006	1	8	2	3	5	7	6	12	9	10	11	4
2007	4	12	1	3	7	5	11	10	8	6	9	2
2008	3	1	4	2	5	6	7	12	8	10	11	9
2009	1	7	4	2	3	8	12	10	5	6	9	11
2010	2	4	3	1	5	6	12	10	7	8	11	9
2011	4	3	2	1	5	7	9	10	12	11	6	8
2012	1	6	7	3	9	10	11	12	8	2	4	5
2013	1	4	3	2	8	10	11	12	9	7	5	6
2014	1	10	3	2	9	11	12	8	7	6	4	5
2015	1	8	4	2	9	10	12	11	7	5	6	3
2016	2	7	5	1	9	11	12	8	6	3	10	4
2017	2	3	4	1	7	11	9	8	10	6	12	5

总体来看,2002年至2017年这16年间中国各主要商业银行的竞争力波动均较大,5家大型国有商业银行大多经历了从相对较弱到相对较强的过程,而股份制商业银行则大多呈现出从相对较强到相对较弱的变动趋势。

第一,由表4.9和表4.10可知,总体看来,五家大型国有商业银行的综合竞争力排名呈现大致上升的趋势,工商银行、建设银行竞争力排名上升非常明显,工行从2002年排名第10位到2017年排名第2位,建行从2002年的第9名上升到2017年的第1名。农业银行和交通银行竞争力排名变化表现为先上升后下降,农行从2002年的排名第12位到2008年排名的第1位再到2014年排名的第10位。相对来讲,中行和农行虽然也有波动但是还算比较稳定,中行2002年第6名,2007年上升到第1名,2017年则为第4名;交行从2002年的第11名上升到2009年的第3名,之后稳定在第9名。总之,在2002年至2005年间,工行、农行、中行、建行和交行由于自有资本不足、不良贷款居高、金融创新不够等问题逐渐浮出水面,导致其综合竞争力比较低,在经历了资本金充实、不良资产剥离、股份制改革与公司结构重组后资产安全性改善、盈利能力提高、金融创新能力上升,大多在2006年前后实现上市,从而使其竞争力逐步增强。

第二,大多数股份制中小商业银行在这16年间的综合竞争力整体呈现由相对较强到相对较弱的趋势。中信、华夏、浦发的竞争力排名呈现下降的趋势,中信银行从2002年的第2名下降到2017年的第11名,华夏银行从2002年的第3名下降到2016年的第12名,浦发银行从2002年的第2名下降到2017年的第10名。兴业和招商银行综合竞争力排名波动较大,表现为先下降后上升的趋势,兴业银行从2003年的第4名下降到2011年的第11名又上升为2017年的第6名;招商银行2008年之前均排在前6名,之后受美国次贷危机影响下降至第11名,2010年后综合竞争力回升,至2017年排名在第5名。平安银行也相对比较稳定,基本都排在后5名,除了部分年份波动以外,平安银行的排名大多稳定在第8名至第12名。民生银行相对波动较大,先下降后上升又下降,最好的排名是2003年的第1名,之后下降到2010年的第10名,后回升至2014年的第4名,2016年和2017年排名下降到第10名和第12名。由此可见,股份制商业银行竞争力排名变化比较大。总之,在2002年至2005年股份制商业银行的竞争力相对较强,主要是由于其多元化的产权制度、良好的治理结构、历史包袱较轻等有利因素,使其竞争优势显现。2005年之后,股份制商业银行的竞争力相对较弱,五家大型国有商业银行经过国家注资、不良资产剥离、股份制改造之后,资产质量得以改善,盈利能力上升,再加上其规模因素和覆盖广泛的网点等因素,无形中使得股份制商业银行的竞争优势不复存在,使其综合竞争力随时间而逐步下降。

二、中国商业银行的国际竞争力比较

上文对中国商业银行历年的综合竞争力进行了纵向和横向比较,本部分主要分析中国商业银行的国际竞争力,对国内外主要银行的竞争力状况进行比较分析。由于国外银行的 12 项财务数据的搜集比较困难,难以和国内银行在同一表达方式下进行因子分析,因而,采用英国《银行家》杂志的排行榜对中国银行的国际竞争力进行分析。

英国的《银行家》杂志于 1926 年创刊,自 1970 年开始每年推出上一年度全球大银行的实力排名,起初只对全球 300 家大银行进行排名,如今已扩至 1 000 家大银行。《银行家》杂志对 1 000 家大银行的排名主要是通过计算各家银行"一级资本"指标,并以"一级资本"为标准进行排序的。随着经济金融的发展和评测体系的需要,《银行家》杂志也逐渐引入多项指标考察各银行的发展状况,主要指标包括:一级资本评估、资产、自办资产比、盈利、平均资本盈利评估、资产回报评估、国际清算银行总资本率、不良贷款率和成本收入比等。然而,《银行家》杂志的排序仍然以"一级资本"指标为主,以巴塞尔委员会的划分标准为基础,仅包括银行的核心实力:普通股、公开储备和未分配利润。其理由主要是:一级资本,从最广泛意义上讲,包括普通股、优先股、次级债和其他长期债、商誉和无形资产等,是衡量银行资本充足状况和银行资本实力的指标。一级资本相对于市值、利润额等指标来讲,可以更清晰地反映单个银行的实力和全球银行业的竞争格局。尽管《银行家》杂志采取的这些指标是静态的,但是各银行在全球 1 000 家大银行的排名变化仍然可以表现出该行在全球金融市场的动态地位和动态竞争力。

为了一致起见,本部分主要分析中国 12 家全国性银行的状况,选取中国 12 家全国性的股份制银行和入选全球前 10 强的国际大银行进行比较分析。

表 4.11　入选全球 1 000 家大银行的中国商业银行排名比较

2002 年年底		2006 年年底		2011 年年底		2017 年年底	
一级资本排名	银行名称	一级资本排名	银行名称	一级资本排名	银行名称	一级资本排名	银行名称
1	花旗银行	1	美洲银行	1	美洲银行	1	工商银行
2	美洲银行	2	花旗银行	2	JP 摩根大通	2	建设银行

续表

2002 年年底		2006 年年底		2011 年年底		2017 年年底	
一级资本排名	银行名称	一级资本排名	银行名称	一级资本排名	银行名称	一级资本排名	银行名称
3	汇丰控股	3	汇丰控股	3	工商银行	3	JP 摩根大通
4	JP 摩根大通	4	法国农业信贷	4	汇丰控股	4	中国银行
5	法国农业信贷	5	JP 摩根大通	5	花旗银行	5	美洲银行
6	瑞穗金融	6	东京三菱	6	建设银行	6	农业银行
7	苏格兰皇家银行	7	工商银行	7	东京三菱	7	花旗银行
8	住友三井	8	苏格兰皇家银行	8	威尔士法戈银行	8	富国银行
9	东京三菱	9	中国银行	9	中国银行	9	汇丰控股
10	法国 BNP 巴黎巴	10	桑坦德银行	10	农业银行	10	东京三菱
15	中国银行	14	建设银行	30	交通银行	11	交通银行
16	工商银行	65	农业银行	48	中信银行	23	招商银行
25	农业银行	68	交通银行	56	招商银行	25	中信实业
37	建设银行	101	招商银行	57	浦发银行	27	浦发银行
102	交通银行	160	中信实业	62	民生银行	28	兴业银行
187	招商银行	191	浦发银行	69	兴业银行	29	民生银行
291	中信实业	230	民生银行	97	平安银行	59	平安银行
308	浦发银行	260	兴业银行	111	华夏银行	67	华夏银行
400	兴业银行	336	华夏银行				
405	民生银行	475	平安银行				
440	华夏银行						
503	平安银行						

数据来源：The banker。

由表 4.11 可知，从实力（一级资本）排名来看，中国银行业在国际银行业的排名整体取得了很大进步。整体来看，中国这 12 家全国性银行 2002 年最后一名为平安银行，排名在第 503 位；2006 年最后一名平安银行，排名为第475位;2011年最后一名为华夏银行,排在第111位;2017年12家全国性银行排名都在67位以内。不仅是超大银行上升的幅度大,比如工商银行,2002年排名第16位,2006年排名上升至第7位,2011年年底上升至第3位,2017年升至第1位;其他股份制商业银行上升的幅度更大,比如中信银行,2002年排名第291位,2006年上升至第160位,2011年升至第48位,2017年更升至第25位。

为了更详实地了解中外银行竞争力的情况,本部分选取2002年年底、2006年年底、2011年年底和2017年年底《银行家》杂志的"全球1 000家大银行"的排行榜,来对我国商业银行的国际竞争力进行比较分析。

我们在全球1 000家大银行中,选取排在前10位的实力最为雄厚的银行的竞争指标,以分析中外银行的竞争力差别。表4.12、表4.13、表4.14和表4.15分别是2002年年底、2006年年底、2011年年底和2017年年底全球前10位银行的基本情况一览表。

表4.12 2002年年底全球前10位银行排名基本情况

排名	银行名称	实力	经营状况		财务比率	
		一级资本/亿美元	资本收益率/%	资产收益率/%	资本充足率/%	不良贷款率/%
1	花旗银行	590.12	38.80	2.08	11.25	1.85
2	美洲银行	430.12	30.60	1.97	12.43	1.56
3	汇丰控股	389.49	24.80	1.27	13.30	2.99
4	JP摩根大通	375.7	6.70	0.33	11.95	1.69
5	法国农业信贷	356.61	10.80	0.62	11.70	4.50
6	瑞穗金融	290.92	−53.10	−1.74	9.53	6.89
7	苏格兰皇家银行	276.52	29.60	1.18	11.70	2.14
8	住友三井	270.99	−16.90	−0.58	10.10	4.67
9	东京三菱	260.39	−12.30	−0.36	10.84	2.82
10	法国BNP巴黎巴	241.19	23.80	0.75	10.90	3.90

数据来源:The banker。

表4.13 2006年年底全球前10位银行排名基本情况

排名	银行名称	实力	经营状况		财务比率	
		一级资本/亿美元	资本收益率/%	资产收益率/%	资本充足率/%	不良贷款率/%
1	美洲银行	910.65	38.7	2.19	11.88	0.69
2	花旗银行	908.99	34.8	1.57	11.65	1.2
3	汇丰控股	878.42	27.2	1.19	13.54	1.6
4	法国农业信贷	849.37	18.4	0.77	10	2.6
5	JP摩根大通	810.55	25.9	1.47	12.32	0.99
6	东京三菱	684.63	19.4	0.81	12.58	1.46
7	工商银行	591.66	20.1	0.96	14.05	3.79
8	苏格兰皇家银行	589.73	31.5	1.05	11.73	1.35
9	中国银行	525.18	20.5	1.28	13.59	4.04
10	桑坦德银行	468.05	25.8	1.05	12.49	0.78

数据来源：The banker。

表4.14 2011年年底全球前10位银行排名基本情况

排名	银行名称	实力	经营状况		财务比率	
		一级资本/亿美元	资本收益率/%	资产收益率/%	资本充足率/%	不良贷款率/%
1	美洲银行	1 592.32	−0.14	−0.01	16.75	7.63
2	JP摩根大通	1 503.84	17.79	1.18	15.40	5.06
3	工商银行	1 400.28	30.86	1.76	13.17	0.94
4	汇丰控股	1 395.90	15.67	0.86	14.10	4.30
5	花旗银行	1 318.74	11.11	0.78	16.99	3.04
6	建设银行	1 191.35	29.19	1.78	13.68	1.09
7	东京三菱	1 170.18	15.06	0.66	14.91	2.20
8	威尔士法戈银行	1 139.52	20.46	1.77	14.76	6.43
9	中国银行	1 111.73	24.08	1.43	12.97	1.00
10	农业银行	964.13	26.04	1.35	11.94	1.55

数据来源：The banker。

表 4.15　2017 年年底全球前 10 位银行排名基本情况

排名	银行名称	实力	经营状况		财务比率	
		一级资本/亿美元	资本收益率/%	资产收益率/%	资本充足率/%	不良贷款率/%
1	工商银行	2 812.62	14.35	1.14	15.14	1.55
2	建设银行	2 258.38	14.80	1.13	15.50	1.49
3	JP 摩根大通	2 018.12	10	0.96	15.70	1.47
4	中国银行	1 991.89	12.24	0.98	14.19	1.45
5	美洲银行	1 903.15	6.72	0.80	15.10	1.10
6	农业银行	1 886.24	14.57	0.95	13.74	1.81
7	花旗银行	1 783.87	7.00	0.84	14.10	1.87
8	富国银行	1 713.64	11.35	1.15	14.14	1.25
9	汇丰控股	1 380.22	5.90	0.50	18.30	2.30
10	东京三菱	1 359.44	7.53	0.26	15.85	1.11

数据来源：The banker。

从上榜数量来看,中国银行业的地位上升速度很快。从进入全球前 10 位的上榜数量来看:2002 年年底在中国银行业排名第一的中国银行在全球 1 000 家大银行排名中仅排在第 15 位,中国银行业没有一家进入全球前 10 位;2006 年工商银行和中国银行进入前 10 位,分别为第 7 名和第 9 名;2011 年,中国四大国有商业银行全部进入前 10 位,工商银行的位次上升到第 3 名,建设银行名列第 6 位,中国银行和农业银行分别名列第 9 位和第 10 位;2017 年,工商银行升至第 1 位,建设银行第 2 位,中国银行第 4 位,农业银行第 6 位。不仅如此,从中国银行业进入全球 1 000 家大银行的数量来看也是如此,2002 年年底有 15 家银行上榜,至 2006 年年底有 31 家,到 2011 年年底的上榜银行数量达到 110 家,超过日本的 103 家①,2017 年年底的上榜银行数量创历史新高,为 126 家。

从实力(一级资本)情况来看,中国银行业进入全球前 10 位的资本实力明显增强。2002 年年底中国银行的一级资本与排名第一的花旗银行相比,差距为 370.96 亿美元,仅为花旗银行的 37%;2006 年年底工商银行的一级资本与排名第一的美洲银行相比,差距为 318.99 亿美元,为美洲银行的

---

① 数据来自《银行家》杂志网站。

65%；2011年年底工商银行的一级资本与排名第一的美洲银行相比,差距为192.04亿美元,为美洲银行的87.94%；2017年工商银行的一级资本与摩根大通的差距为794.5亿美元,只不过这次是工商银行反超美国的摩根大通,工商银行的一级资本为2 812.63亿美元,摩根大通为2 081.12亿美元。由此可见,中国银行业与发达国家银行的一级资本实力的差距逐步缩小,并成功实现反超。

从经营状况(资本收益率和资产收益率)来看,中国商业银行经营方面的竞争力已有明显提升。2002年中国银行的资本收益率和资产收益率仅为7.6%和0.38%,和花旗银行的38.8%和2.08%差距甚大；2006年工商银行的资本收益率和资产收益率为20.1%和0.96%,距离美洲银行的38.7%和2.19%也有一定的差距；2011年年底,中国四大国有商业银行的资本收益率和资产收益率在全球前10强中名列前茅,工商银行的资本收益率和资产收益率分别为30.86%和1.76%,远远高于JP摩根大通的17.79%和1.18%,作为超大银行,这一成绩实属不易；2017年年底,中国四大国有商业银行的资本收益率和资产收益率依然很高,工商银行的资本收益率和资产收益率分别为14.35%和1.14%,建设银行为14.80%和1.13%,中国银行为12.24%和0.98%,农业银行为14.57%和0.95%,其中资本收益率在全球前10位银行中排名前4,资产收益率名列前茅。

从财务比率(资本充足率和不良贷款率)来看,中国银行的财务比率持续向好。2002年中国银行的资本充足率为8.15%,低于全球前10位的所有银行；2006年工商银行和中国银行的资本充足率大幅提升,在全球前10强银行中高于其他8家银行；2011年进入全球前10强的中国四家银行的资本充足率与其他6家银行相比并不高,但是远远高于巴塞尔协议所规定的8%的标准,总体来讲资本充足率这一指标提升较快；2017年,进入全球前10强的中国四家银行的资本充足率指标继续提升,和其他6家银行基本持平,工商银行的资本充足率为15.14%,与美洲银行的15.10%差不多在同一水平上。2002年,中资银行尤其是国有大银行的不良贷款率普遍很高,中国银行的不良贷款率为22.49%,中国农业银行为30.07%,与国际大银行相比差距很大,花旗银行的不良贷款率只有1.85%；2006年,中国银行业的不良贷款余额和不良贷款率双降,然而与国有大银行相比仍然偏高,工商银行为3.79%,而美洲银行仅为0.69%；2011年,中国银行业的不良贷款余额和不良贷款率继续双降,其他国家由于受2008年金融危机波动的影响不良贷款率略有上升,工商银行的不良贷款率为0.94%,而美洲银行为7.63%,中国银行业资产质量具备明显优势；2017年，四家中国银行的不良贷款率与其他6家相比也基本在同一水平上，建设银行的不良贷款率为1.49%，与JP摩根大通的1.47%基本持平。

综上所述，从《银行家》全球银行排名可以看出，从实力（一级资本）排名来看，中国银行业在国际银行业的排名整体取得了很大进步，而且中国银行业在表示总体实力的一级资本，表示经营状况的资本收益率、资产收益率和一些财务比率指标等方面与国际大银行相比差距正在缩小，中国银行业的国际竞争力已有大幅提升。中国银行业国际竞争力提升的主要原因是：第一，与《银行家》进行全球银行排名时所选择的指标有关。《银行家》的全球排名是依据一级资本来进行排名的，中国银行业分支行的组织形式和垄断的市场结构决定了中国各银行的一级资本比较大，与其他国家采取单一银行制的银行相比较而言排名的优势比较明显。第二，美欧大银行在2008年美国次贷危机冲击下损失惨重，引起各项财务指标的下降。第三，中国银行业综合竞争力上升。由于中国较为强劲的经济基本面、银行业盈利能力的上升、经营管理效率的改善、中间业务快速增长以及信贷投放的快速增长，使中国银行业盈利能力迅速增强。

第五节 结 论

综上所述，在对中国商业银行竞争力进行纵向和横向分析后，可得出以下结论：

结论一：五家大型国有商业银行的综合竞争力总体呈现上升趋势，相比较而言，2008年之前综合竞争力的波动性比较大，其波动的原因主要是五家国有商业银行在国家支持下进行了股份制改革。股份制改革后，盈利能力普遍上升、资产安全系数大幅提高、经营效率继续增强、市场实力持续扩大，有助于银行综合竞争力的提升。2011年后，面对经济增速下降、利率市场化进程不断加快、融资脱媒日益明显、同业竞争加剧等外部环境变化所带来的诸多挑战，银行业的利润增速整体回落，资产安全性下降。具体表现为，2011年之后，工行和中行竞争力明显下降，而农行、建行和交行因影响竞争力的关键指标改善依旧保持上升势头。

结论二：七家股份制银行综合竞争力均呈现稳定上升趋势。影响七家股份制商业银行综合竞争力提高的重要指标均涉及金融创新指标和市场实力指标,资产安全系数的上升、金融创新的卓有成效和市场实力的逐步扩张,使七家全国性中小银行综合竞争力得到提升。五家大型国有商业银行和七家全国性中小银行的流动性指标的贡献大多是负向效应。商业银行总体流动性过剩,对中国银行业综合竞争力的提升形成明显的拖累,过高的流动性比率对银行综合竞争力的上升反而起到阻碍作用。

结论三:从中国各商业银行的横向比较来看,综合竞争力的排名波动比较大。五家大型国有商业银行大多经历了从相对较弱到相对较强的过程,而股份制商业银行则大多呈现出从相对较强到相对较弱的变动趋势。五家大型国有商业银行竞争力排名的上升与经历过国家注资、不良资产剥离、股份制改造等相关。此消彼长之下,七家股份制商业银行的竞争优势不复存在。

结论四:从《银行家》全球银行排名可以看出,中国银行业的竞争力与国际大银行相比不仅差距正在缩小,而且已经实现反超,中国银行业的国际竞争力已有大幅提升。这可能与《银行家》进行全球银行排名时所选择的指标是规模指标有关,也可能是因为美欧大银行在2008年美国次贷危机冲击下损失惨重,当然还有中国银行业综合竞争力上升的原因。

第五章 银行业开放对银行业竞争力影响的机理研究

如今,无论是发展中国家还是发达国家都对银行业进行了开放,而银行的跨国经营也在世界范围内发挥着越来越重要的作用。第三章从商业存在、跨境交易和境外消费三个方面全面测度了银行业的开放水平。然而,按照 Matto 所赋的比重,商业存在的比重占到 80%,跨境交付和境外消费则稳定地和一国经济发展水平相关,因而,对银行业对外开放和银行业对内开放的研究主要集中于外资银行进入和中资银行走出去这两个角度。从而,研究银行业开放对银行业竞争力作用影响的机理必须回答三个基本问题:一是外资银行和本土银行优劣势对比;二是银行业对外开放对东道国银行竞争力影响的作用机制;三是走出国门的母国银行对东道国银行业竞争力影响的作用机制。因此,在研究银行业开放对银行业竞争力作用机理时必须从银行业对外开放和银行业对内开放两个角度来探讨。

第一节 银行业开放对东道国和母国银行业影响的数理模型构建

大量外资银行进入中国以及大量本地银行走出国门从事金融活动必然对中国的金融体系和银行业产生重要影响。通过建立数理分析模型,以期对银行业开放对东道国和母国银行业的作用效应有一个清晰的把握。本章致力于研究以下两种情况,一是当外资银行进入中国后对中国银行业的作用效应;二是当中国银行业走出国门成为跨国银行时,对中国银行业的作用机制。

根据通常的定义，商业银行的业务主要是"存贷款服务制造"，从而其收益为贷款利息收益和同业存放净头寸收益，其成本为存款利息成本和管理存贷款的成本。一般情况下，银行的目标函数为

$$\pi_i = r_L l_i + r_M m_i - r_D d_i - c_i(l_i, d_i) \tag{5.1}$$

其中，π_i 是 i 银行的利润；r_L 是贷款利率；r_M 是同业拆借市场和存放中央银行准备金与超额准备金的平均利率；r_D 是存款利率；l_i 是 i 银行的贷款额；m_i 是 i 银行存放在同业拆借市场和中央银行的净头寸；d_i 是 i 银行的存款额；$c_i(l_i, d_i)$ 是 i 银行的成本函数。上述目标函数是对所有银行行为研究的出发点。

为了便于说明问题，特设以下假设：

假设1：中国的经济发展水平、金融自由化水平等宏观经济因素外生变量是固定不变的，即本著建立的是短期模型。

假设2：中国银行业共有 w 个银行和 k 个外资银行(以 f 表示)，其中 w 个银行中有 n 个成为跨国银行(以 m 表示)，这 n 个跨国银行走出国门会成为其他国家的外资银行，从而本土银行(以 h 表示)数目为 $(w-n)$ 个。

假设3：中国在银行业的市场准入方面，金融监管对新银行的进入有诸多限制，即短期内中国银行业 w 总数不变，外资银行数目 k 和跨国银行数目 n 可变，当跨国银行数目增加时，中国银行业本土银行数目 $w-n$ 减少。

假设4：中国银行业市场中传统五大国有商业银行在各方面的市场份额都无可替代，因而将模型设置为不完全竞争市场条件下的垄断厂商模型，遵从完全信息博弈的古诺模型。

假设5：假设市场中的银行业主体，无论是本土银行(h)、跨国银行(m)还是外资银行(f)都按照利润最大化的原则来经营决策，且同类银行为同质的。

假设6：在同业拆借市场和存放在中央银行的净头寸为固定数值 $C(C=0)$。在银行业利润最大化目标下，银行存放在同业拆借市场和中央银行的净头寸会临近边界值。由于中国法定准备金和超额准备金实行统一的正利率制度，r_M 对各银行存贷款额的调节作用不大，因而认为 $r_M m_i$ 为0。

假设7：中国对利率实施管制制度，各银行之间的竞争主要体现在成本上，中国银行吸收和管理存款的成本函数是过原点的线性函数，即存款的倍数；发放和管理贷款的成本函数也是过原点的线性函数。表示如下：

$$c_i(l_i, d_i) = c_{L,i}(l_i) + c_{D,i}(d_i) = c_{L,i} \cdot l_i + c_{D,i} \cdot d_i \tag{5.2}$$

假设8：存款的逆供给函数和贷款的逆需求函数均为线性的。表示如下：

$$r_D = a + b\sum_{i=1}^{w+k} d_i \quad (5.3)$$

$$r_L = e - g\sum_{i=1}^{w+k} l_i \quad (5.4)$$

根据上文假定，中国各银行的利润函数为

$$\pi_i = r_L l_i - r_D d_i - c_{L,i} l_i - c_{D,i} d_i$$
$$= (e - g\sum_{i=1}^{w+k} l_i) l_i - c_{L,i} l_i - (a + b\sum_{i=1}^{w+k} d_i) d_i - c_{D,i} d_i \quad (5.5)$$

中国各银行利润最大化的一阶化条件为

$$\frac{\partial \pi_i}{\partial l_i} = e - g(l_1 + l_2 + \cdots + l_{i-1} + l_{i+1} + \cdots + l_{w+k}) - 2gl_i - c_{L,i} = 0 \quad (5.5)$$

$$\frac{\partial \pi_i}{\partial d_i} = -a - b(d_1 + d_2 + \cdots + d_{i-1} + d_{i+1} + \cdots + d_{w+k}) - 2bd_i - c_{D,i} = 0 \quad (5.6)$$

由式5.5和式5.6可以得出中国各银行贷款和存款的反应函数为

$$l_i^* = \frac{e - g(l_1 + l_2 + \cdots + l_{i-1} + l_{i+1} + \cdots + l_{w+k}) - c_{L,i}}{2g} \quad (5.7)$$

$$d_i^* = \frac{-a - b(d_1 + d_2 + \cdots + d_{i-1} + d_{i+1} + \cdots + d_{w+k}) - c_{D,i}}{2b} \quad (5.8)$$

从而中国本土银行(h)、跨国银行(m)和外资银行(f)贷款的反应函数为

$$l_h^* = \frac{e - g[(w-n-1)l_h + nl_m + kl_f] - c_{L,h}}{2g} \quad (5.9)$$

$$l_m^* = \frac{e - g[(w-n)l_h + (n-1)l_m + kl_f] - c_{L,m}}{2g} \quad (5.10)$$

$$l_f^* = \frac{e - g[(w-n)l_h + nl_m + (k-1)l_f] - c_{L,f}}{2g} \quad (5.11)$$

由式5.9至式5.11可以得出中国本土银行(h)、跨国银行(m)和外资银行(f)的均衡贷款量及均衡贷款利率：

$$l_h^* = \frac{e - c_{L,h} + k(c_{L,f} - c_{L,h}) + n(c_{L,m} - c_{L,h})}{(w+k+1)g} \quad (5.12)$$

$$l_f^* = \frac{e - c_{L,f} + (w-n)(c_{L,h} - c_{L,f}) + n(c_{L,m} - c_{L,f})}{(w+k+1)g} \quad (5.13)$$

$$= \frac{e - c_{L,f} + w(c_{L,h} - c_{L,f}) + n(c_{L,m} - c_{L,h})}{(w+k+1)g}$$

$$l_m^* = \frac{e - c_{L,m} + k(c_{L,f} - c_{L,m}) + (w-n)(c_{L,h} - c_{L,m})}{(w+k+1)g} \quad (5.14)$$

$$L^* = \frac{w(e - c_{L,h}) + k(e - c_{L,f}) + n(c_{L,h} - c_{L,m})}{(w+k+1)g} \quad (5.15)$$

假定9：跨国银行(m)的存贷款类成本均低于本地银行(h)的存贷款类成本，即$c_{L,m} < c_{L,h}$。该假定的含义是中国本土银行走出国门后积极主动学习国外先进技术和管理知识，并使自身成本下降，从而其信贷成本低于本土银行。

在假定9成立的条件下，分别求式5.12至式5.15中均衡贷款对变量n的偏导数可知：

$$\frac{\partial l_h^*}{\partial n} < 0, \frac{\partial l_f^*}{\partial n} < 0, \frac{\partial l_m^*}{\partial n} < 0, \frac{\partial L^*}{\partial n} > 0$$

即随着跨国银行数目n的不断增加，本土银行的均衡贷款量减少，跨国银行和外资银行的均衡贷款量也会减少，形成竞争效应。然而，银行业的均衡贷款量会上升，主要是因为竞争效应的增强引起了中国银行业的市场深化。

如果不满足假定9，跨国银行走出国门后在与国外银行进行竞争时学习效应不明显，在竞争效应下自身经营状况不佳，导致自身成本上升，从而其信贷成本高于本土银行，则随着跨国银行数目n的不断增加，本土银行的均衡贷款量增加，而整个银行业的均衡贷款量会减少。

假定10：各类银行的停产边界为零利润，即各类银行的均衡利润大于0，意味着各类银行均衡的存贷款量也大于0。该假定的含义为外资银行进入中国银行业市场得以生存，即外资银行的贷款量大于0。

分别求式5.12至式5.15中均衡贷款对变量k的偏导数可知：

$$\frac{\partial l_h^*}{\partial k} < 0, \frac{\partial l_f^*}{\partial k} < 0, \frac{\partial l_m^*}{\partial k} < 0, \frac{\partial L^*}{\partial k} > 0$$

上述结果意味着外资银行的进入会与中国银行业市场的本土银行、跨国银行形成竞争效应，使各类银行均衡贷款量下降，银行业市场总的均衡贷款量增加。

同理，得到中国本土银行(h)、跨国银行(m)和外资银行(f)的均衡存款量与均衡存款利率如下：

$$d_h^* = \frac{-a - c_{D,h} + k(c_{D,f} - c_{D,h}) + n(c_{D,m} - c_{D,h})}{(w + k + 1)b} \quad (5.16)$$

$$d_f^* = \frac{-a - c_{D,f} + (w - n)(c_{D,h} - c_{D,f}) + n(c_{D,m} - c_{D,f})}{(w + k + 1)b} \quad (5.17)$$

$$d_m^* = \frac{-a - c_{D,m} + k(c_{D,f} - c_{D,m}) + (w - n)(c_{D,h} - c_{D,m})}{(w + k + 1)b} \quad (5.18)$$

$$D^* = \frac{w(-a - c_{D,h}) + k(-a - c_{D,f}) + n(c_{D,h} - C_{D,m})}{(w + k + 1)b} \quad (5.19)$$

分别求式 5.16 至式 5.19 中均衡存款量及均衡存款利率对变量 n 和 k 的偏导数可知：

$$\frac{\partial d_h^*}{\partial n} < 0, \frac{\partial d_f^*}{\partial n} < 0, \frac{\partial d_m^*}{\partial n} < 0, \frac{\partial D^*}{\partial n} > 0$$

$$\frac{\partial d_h^*}{\partial k} < 0, \frac{\partial d_f^*}{\partial k} < 0, \frac{\partial d_m^*}{\partial k} < 0, \frac{\partial D^*}{\partial k} > 0$$

上述结果意味着随着跨国银行走出去和外资银行进入的数目不断增加，对中国本土银行(h)、跨国银行(m)和外资银行(f)的存款均衡量的影响和对贷款均衡量的影响是一致的，均会引起各类银行存款均衡量的下降。

从而中国本土银行(h)、跨国银行(m)和外资银行(f)的利润可以表示为

$$\pi_h^* = \frac{1}{g}\left[\frac{e - c_{L,h} + k(c_{L,f} - c_{L,h}) + n(c_{L,m} - c_{L,h})}{w + k + 1}\right]^2 +$$

$$\frac{1}{b}\left[\frac{-a - c_{D,h} + k(c_{D,f} - c_{D,h}) + n(c_{D,m} - c_{D,h})}{w + k + 1}\right]^2 \quad (5.20)$$

$$= \frac{1}{g}[l_h]^2 + \frac{1}{b}[d_h]^2$$

$$\pi_f^* = \frac{1}{g}\left[\frac{e - c_{L,f} + w(c_{L,h} - c_{L,f}) + n(c_{L,m} - c_{L,h})}{w + k + 1}\right]^2 +$$

$$\frac{1}{b}\left[\frac{-a - c_{D,f} + w(c_{D,h} - c_{D,f}) + n(c_{D,m} - c_{D,h})}{w + k + 1}\right]^2 \quad (5.21)$$

$$= \frac{1}{g}[l_f]^2 + \frac{1}{b}[d_f]^2$$

$$\pi_m^* = \frac{1}{g}\left[\frac{e - c_{L,m} + k(c_{L,h} - c_{L,m}) + (w-n)(c_{L,h} - c_{L,m})}{w+k+1}\right]^2 +$$

$$\frac{1}{b}\left[\frac{-a - c_{D,m} + k(c_{D,h} - c_{D,m}) + (w-n)(c_{D,h} - c_{D,m})}{w+k+1}\right]^2 \quad (5.22)$$

$$= \frac{1}{g}[l_m]^2 + \frac{1}{b}[d_m]^2$$

上述结果意味着,随着跨国银行走出去和外资银行进入的数目不断增加,本土银行的均衡贷款量减少,跨国银行和外资银行的均衡贷款量也会减少,从而本土银行、跨国银行和外资银行的利润都会下降,形成竞争效应。

对中国本土银行、跨国银行和外资银行的均衡存款量与均衡贷款量进行比较,可得:

$$l_h^* - l_f^* = \frac{c_{L,f} - c_{L,h}}{g}, \quad d_h^* - d_f^* = \frac{c_{D,f} - c_{D,h}}{b} \quad (5.23)$$

$$l_h^* - l_m^* = \frac{c_{L,m} - c_{L,h}}{g}, \quad d_h^* - d_m^* = \frac{c_{D,m} - c_{D,h}}{b} \quad (5.24)$$

$$l_m^* - l_f^* = \frac{c_{L,f} - c_{L,m}}{g}, \quad d_m^* - d_f^* = \frac{c_{D,f} - c_{D,m}}{b} \quad (5.25)$$

即中国本土银行、跨国银行和外资银行的市场份额是由各自的运营成本决定的。如果跨国银行通过走出国门形成学习效应、规模经济效应和市场扩展效应,使自身运营成本下降,那么跨国银行的市场份额将提高。如果本土银行在与外资银行的竞争中,通过学习形成技术和管理知识的溢出效应,使自身运营成本下降,那么本土银行的市场份额也会上升。

由上述分析,可得如下结论:

结论一:中国"入世"以后,随着外资银行数目 k 的不断增加,银行业厂商数量增加;随着银行业竞争的加剧,银行业总的均衡贷款量(L^*)和均衡存款量(D^*)增加,然而中国本土银行(h)、跨国银行(m)和外资银行(f)发放贷款与吸收存款的数量都会减少。

结论二:随着中国跨国银行数目 n 的不断增加,中国银行业总的均衡贷款量(L^*)和均衡存款量(D^*)也会增加,同样中国本土银行(h)、跨国银行(m)和外资银行(f)发放贷款和吸收存款的数量都会减少。

结论三:新进入的外资银行和新出去的跨国银行不仅给本土银行造成冲击,也给原本存在的跨国银行(m)和外资银行(f)带来冲击,然而银行业的均衡贷款(L^*)和均衡存款量(D^*)由于外资银行的进入和跨国银行的走出去而上升,主要原因是外资银行的进入和跨国银行的走出去所引起的中国银行业的市场深化导致的。

结论四:外资银行的进入和跨国银行的走出去不仅对存贷款总量及各银行的均衡存贷款量产生影响,也影响着各银行的利润水平,会使中国本土银行(h)、跨国银行(m)和外资银行(f)的利润水平降低。

结论五:在利率管制制度下,各类银行间对存款和贷款资源的激烈竞争主要是由各类银行的成本竞争决定的。这意味着在利润最大化约束下,该银行的成本越低,银行在经营存款和贷款时的操作空间越大。比如,通过增加金融产品的丰富性、以客户为中心的服务等增加存款的附加值来吸收存款;在贷款方面,通过国际化规范化管理和运作降低贷款的搜寻与管理成本等。即中国本土银行、跨国银行和外资银行的市场份额是由各自的运营成本决定的。跨国银行的市场份额取决于其走出国门后各种效应对存贷成本影响的综合结果。而本土银行的市场份额取决于当与外资银行竞争时各种效应对存贷成本影响的综合结果。

综上所述,上述 5 个结论是在满足 10 个假定条件下得出的。当假定条件不满足时,结论会发生变化。比如,当不满足假定 9 时,即跨国银行走出国门后在与国外银行进行竞争时学习效应不明显,在竞争效应下自身经营状况不佳,导致自身成本上升,从而其信贷成本高于本土银行,则结论正好相反,随着跨国银行 n 的不断增加,本土银行的均衡贷款量增加,而整个银行业的均衡贷款量会减少。再比如,当不满足假定 1 时,即中国的经济发展水平、金融自由化水平等宏观经济因素变量不再固定不变①,那么,在中国的经济增长速度相对较快的情况下,跨国银行走出去和外资银行进入对中国各类银行的影响可能被新兴市场所抵消,即随着经济发展水平的提高,必然对上述结论产生影响。

第二节 外资银行和本土银行优势对比

在新兴市场国家,与本国银行相比,外资银行往往具备竞争力优势,这一点已被许多学者所论证。比如,John Bonin、Iftekhar Hasan 和 Paul Wachtel (2004) 对六个相对先进的国家,即保加利亚、捷克共和国、克罗地亚、匈牙

---

① 事实上,中国是新兴市场国家,经济发展水平保持一个较高的增长速度,不满足假定 1 更符合实际情况。

利、波兰和罗马尼亚的国家银行的效率进行比较分析,结果显示外资银行是最有效的,而国有银行效率是最低的。当然外资银行和本国银行相比各有优势。①

一、外资银行的优势

进入中国的外资银行,大多资产规模庞大,来源于大型的跨国集团,已经积累了数百年的信誉,这些外资银行精通国际市场和国际惯例,具备成熟的跨境管理信息系统,在经营理念、经营机制、管理方式、技术支持、产品创新、风险管理和储备人才等方面具备明显的优势。主要表现如下:

(一)清晰的产权和完善的法人治理结构

外资银行大多数是境外的上市公司,一般以私人资本为主,产权明晰,权责明确,法人治理结构相对完善,内部管理体制较为健全,具备健全的财务指标体系和风险管理体系。外资银行能够更有效地利用资金,严格控制风险资产权重比例,保证银行资金高效安全运营。

(二)以客户为中心的经营理念和管理方式

外资银行的经营理念是以客户为中心,在对客户的服务水平上,外资银行一般都提供"一对一""一站式"的理财服务,服务好,效率高。外资银行的管理方式以市场为中心,主要采取市场化的以利润为导向的管理方式,灵活有效,很少采取直接的行政管理方式,能够适应灵活多变的市场经济。

(三)资产质量优势

外资银行大多资产规模庞大,具备雄厚的资金实力,这使外资银行开拓国际市场时有来自母行充足的资金支持。外资银行注重资产质量,在不良贷款比率、资本充足率、资本回报率、盈利能力等方面具有一定的优势。

(四)国际优势

外资银行大多是具有悠久经营历史、资金实力雄厚、管理经验丰富、国际资信较高、混业经营经验丰富的国际性银行,精通国际市场和国际惯例,其经营管理手段更符合国际规则,尤其是跨国银行集团,其触角遍及世界各地,在参与国际竞争中更是得心应手。外资银行拥有先进的信息管理系统、健全的共享数据库,而且拥有遍及世界的机构网络体系,外汇资金的融资渠道简便,能实现国内外联行的资金自由划拨,可以凭借快捷的资讯渠道为客

---

① John Bonin, Iftekhar Hasan and Paul Wachtel. Privatization matters: bank efficiency in transition countries[J]. *Journal of Banking & Finance*, 2005, 29(8-9):2155-2178.

户提供全球金融市场的跟踪服务。广泛的国际网络不仅便利了外资银行的国际结算业务,也更有利于外资银行发展优质客户。①

(五) 金融创新优势

外资银行凭借多年积累的经验和能力能够相对快速便捷地应需而变,为客户定制所需金融产品。通过积极创新业务,提供个性服务,充分体现了其优势。比如外资银行能够迅速地引入国内金融市场尚属全新的金融产品。典型的案例为:2002 年年初,花旗和汇丰银行通过向南京爱立信提供"无追索权应收账款转让",成功打破了交通银行与爱立信公司原先较为稳定的合作关系。爱立信公司提前归还了交通银行原有的巨额贷款,而转向了花旗和汇丰银行,借贷了同样数目的款项。②

(六) 人才优势

外资银行有相对宽松的人文环境和激励机制,在选人和用人上,比较灵活,责权利关系比较合理,有利于吸引和鼓励优秀人才。外资银行相对简单和谐的人际关系,使其易于形成较完善的企业形象和企业文化。对于高级专门人才不惜重金聘请,这些高素质的专业本土人才熟悉市场运作、程序操作及国内市场,能够创造出巨大的经济效益。

二、中国银行业的主场优势

尽管外资银行在资产质量、技术支持、产品创新、信用文化及服务效率等方面拥有明显优势,但是中国银行业也有其竞争优势,主要体现在以下方面:

(一) 有强大的国家信誉做后盾

中国银行业始终以国家信誉作为担保,居民将存款存入中国的银行,并非是信任银行能合理运用资金,而是确信最终存款会得到兑付。有国家信誉支撑,中国银行业在老百姓心中信誉度很高,中国银行业仍然是人们存款的首要选择。

(二) 经营业务上的主场优势

中国银行业是本土经营,建立了相对稳定的庞大客户群体和银企合作关系,二者之间已形成相互依赖、相互支持、密切联系的关系。中国银行业更注重对一些诸如企业的性质是国有还是私有、是否可信等"软信息"的使

---

① 符江萍. 全面开放中外资银行竞争力比较分析[D]. 厦门大学,2007.
② 易宪容,李薇. 外资银行在华业务发展[J]. 西部论丛,2004(5).

用,更多地进行以"软信息"为主的关系型融资。① 外资银行具有健全的财务指标体系、先进的信贷风险定价技术等,在这些效率优势下外资银行在开展业务时更多地使用财务数据等"硬信息"进行信贷决策,由此决定了有较多软信息但硬信息缺乏的信贷市场外资银行无法进入或进入程度很低。②

(三) 遍布全国的经营网点

居民存取款,最重要的一条就是方便快捷,毕竟没人愿意为取钱存钱跑遍大街小巷却找不到一个网点。中国银行业已建立了遍布城乡的分支网络,拥有最广泛的客户群,比外资银行更能发挥其规模经济和范围经济的优势。

(四) 符合国情的业务品种

中国银行业本土经营,相对熟悉中国国情,了解中国各个层次不同消费群体的消费特征和心理,例如老百姓熟悉的个人住房贷款、消费贷款、信用卡业务、网上银行、人民币及外币理财、票据结算、商务链融资、国际结算、贸易融资等业务。而且对相当多的企业和居民来说,与国内银行打交道更加方便,易于沟通。

(五) 服务门槛低

中国银行业具备星罗棋布的网点,居民存取款非常便捷,能够解决各类群体金融服务的可得性问题。另外,中国银行业实行无限制的存款条件,可以为各类群体提供金融服务,而外资银行由于归属于一个国际化的银行集团,在管理及业务运行上存在规模经济的要求,对于一些小的客户与小的业务需求只能由本土银行来完成。因而,外资银行往往不会面向小额资金客户,比如花旗银行的开户门槛是 1 万美元等值人民币,汇丰中国的卓越理财的最低门槛是 50 万元等。

三、中国银行业的客场优势

按照国际生产折中理论(OLI),所有权优势是银行境外拓展的前提条件,然而事实上,发达国家银行业具有所有权优势,其国际化动机以实现经济性目标为主;而对于中国银行业来说,大多数企业不具备所有权优势,仍然进入了境外市场,参与全球金融活动。在中国银行业走出国门不再具有

---

① 关系型融资是一种初始融资者被预期在一系列法庭无法证实的事件状态下提供额外融资,而初始融资者预期到未来的租金也愿意提供额外资金的融资方式。
② 赵昱光. 新兴市场国家外资银行作用效应研究[D]. 辽宁大学,2007.

主场优势,又不具备所有权优势的情况下,中国银行业境外经营的优势何在? 具体阐述如下:

(一) 中国当前的经济地位的支持

改革开放以来,我国经济实力有了很大增强,国民财富有了很大提高。人均 GDP 从 1980 年的 272 美元上升到 2016 年的 8 123 美元①;金融机构的存款余额增加到 2016 年的 150.6 万亿,人均存款达 10.89 万元。按照邓宁的发展水平理论,我国目前已处于经济发展的第三阶段,我国对外贸易额、GDP、对外投资和劳务承包额快速增长,促使我国商业银行跨国经营,提供更为便利的金融服务,同时,也为中资银行的境外拓展提供了巨大的发展空间。

(二) 中国贸易发展提供的支持

2016 年,中国的进出口贸易总额已达 3.68 万亿美元,同比增长 6.2%,其中,出口额为 2.098 万亿美元,进口额为 1.588 万亿美元。贸易发展也促使金融服务快速增长。国际结算、贸易融资、征信、担保等中间业务的发展成为中资银行海外机构拓展的重要领域和收入来源。

(三) 中国企业客户国际化的支持

近年来,中国非金融类对外直接投资呈逐年上升趋势,而且上升幅度在扩大。中国非金融类对外直接投资流量从 2002 年的 27 亿美元上升到 2016 年的 1 701.1 亿美元。截至 2016 年年底,我国在国(境)外共设立对外直接投资企业 3.72 万家,分布在全球 190 个国家(地区),年末境外资产总额 5 万亿美元。② 客户跟随假说认为跨国银行为避免失去客户,跟随客户到东道国建立分支机构以为原本的客户关系提供多样化的服务,以保持固定的良好合作关系,中国企业客户一般倾向于选择中国商业银行服务。中国企业投资、生产的全球化,为国际化的中资银行提供了优质客户群。

(四) 良好的品牌形象和声誉

根据前文所述,《银行家》排名显示中资银行的综合竞争力上升速度很快,截至 2017 年年底,五大国有商业银行中有四家银行进入前 10 强,中国工商银行排名第 1 位,中国建设银行排名第 2 位,中资银行的品牌形象和声誉大幅提升。中国银行业在走出去的国际化过程中,逐渐形成资金实力雄厚、

---

① 当然,和发达国家相比还是有很大的差距,2016 年美国的人均 GDP 为 57 467 美元,德国为 41 936 美元,澳大利亚为 49 928 美元,日本为 38 894 美元。见中国统计年鉴 2017。
② 数据来源:中华人民共和国商务部网站。

管理经验丰富、设备技术先进、创新能力领先的大型跨国商业银行。而遍布全球市场的经营网点和消费群体,也会形成商业银行宝贵的品牌效应。品牌形象和声誉作为一种无形资产,是银行服务、产品的象征,在稳定已有客户的同时,能激发潜在客户的购买欲望。中资银行的品牌效应有助于中资银行海外客户的拓展。

综上所述,外资银行进入中国后,外资银行和中国本土银行相比各有其优势,中资银行走出国门后,中资银行与外资银行相比也各有优势,外资银行和本土银行在同一平台上运行,必然相互影响。以下我们分析外资银行进入和本土银行走出去对东道国银行业竞争力的影响。

第三节 银行业对外开放对中国银行业竞争力影响的作用机理

外资银行进入对中国银行业竞争力的影响主要体现为溢出效应和竞争效应。

一、溢出效应

上文已有阐述,在中国外资银行比本土银行有着更强的技术、服务、产品创新和管理经验,当外资银行与本土银行在同一平台竞争时,这些新技术、新理念和新产品等会产生"溢出效应",特别是当外资银行进入采取合资或是战略联盟的形式时,他们会将其先进的管理知识和经验更好地"溢出"给国内银行。本土银行可通过更快地改进其自身技术、产品,以更好地满足国内市场的需求。

外资银行进入中国的过程事实上就是国外直接投资进入新兴市场东道国金融体系的过程。在这一过程中,溢出效应的内容包括:外资银行的母行直接使用它在过去运营中形成的管理模式,对中国的下属行进行管理,从而使中国的外资银行管理在一个高起点上运行;外资银行的母行对于其下属行的技术人员和管理团队进行培训和直接的技术传输,外资银行也可以引入高技能的雇佣者管理本地银行业务的运行,并对培训当地雇员进行投资;外资银行的母行直接将其中国的下属行纳入其金融电子化业务平台;外资银行引入更加先进的风险管理技术以及信贷评估技术;外资银行引入品种丰富的金融产品和金融服务,推动银行更好地服务于社会;外资银行从母国

获得的技术外溢收益,会通过外资银行与本地其他银行之间的竞争,外溢到东道国的其他银行。溢出作用渠道的主要表现如下:

(一) 产权结构溢出效应

如麦金农和肖所提出的,许多中国的银行业产权不明晰,泛行政化色彩浓厚,这是造成金融资源抵消配置及银行业竞争力低下的深层次原因。① 外资银行大多数是境外的上市公司,产权明晰,法人治理结构相对完善。本土银行与外资银行在同一平台竞争时,本土银行的体制改革和产权结构的多元化将会更加全面、深化,从而真正建立起科学的公司治理结构,银行经营更能面向市场。外资银行通过参股或并购方式进入中国,更有助于实现该国银行业产权结构的多元化,还有助于银行和国际接轨,迅速提高该国竞争力。

(二) 银行业员工素质溢出效应

外资银行的竞争优势不可能完全在技术、设备上物化,其在中国投资项目的有效运行必然配合着当地人力资源的开发,诸如派驻跨国公司总部的专家指导当地的技术及管理人员开展工作;让当地技术人员参与对产品技术、工艺流程的改进甚至研发工作,这就必须在中国招聘员工,为其提供各种正式和非正式的培训机会,使得员工有机会学习先进的管理经验和知识。由于人力资本具有外部效应,且可以互相传递,在上述过程中中国银行系统可以获得相关技能和诀窍,也会迫于压力更加重视人才的培养和激励,从而提高员工素质。

(三) 先进的经营管理知识溢出效应

如上文所述,外资银行具备先进的经营管理知识。当与外资银行在同一平台竞争时,本土银行会意识到与外资银行在技术或者管理方面的差距,从而会主动了解跨国银行经营理念、管理方式、先进的风险管理技术和信贷风险定价技术、新产品开发和金融创新,进行积极模仿与借鉴。在人员流动的基础上,外资银行的这些先进的经营管理知识发挥着示范和带动作用。比如,外资银行雇用了中国的员工,当这些员工学习了国际银行的经营方式和技术之后,会回流到本土银行,并带来先进的管理经验。再比如,当外资银行通过参股和并购方式进入中国时,直接带来了先进的经营理念和管理方式,提供了新的金融产品、技术以及优质的服务。

从总体上讲,溢出效应将通过新管理、新技术、新平台、新产品、新服务

---

① 罗纳德·I. 麦金农. 经济发展中的货币与资本[M]. 上海:三联书店,1988.

等渠道,提高中国银行业运行的水平和效率,与获得这种正收益相关的因素包括:东道国与母国的技术水平差距,这种技术差距越大,技术提高后的福利意义越强;东道国的政治、经济、法律环境与这些新技术的相容性,如果东道国的经济、政治、法律制度与这些新技术之间存在对立和抵触,那么这种技术也不可能被有效利用;东道国外资银行的新技术学习吸收能力,只有东道国银行有相应的学习吸收能力,才可以将相关技术消化吸收为现实的可以进入应用的技术。①

二、竞争效应

竞争是经济学中最核心的内容,对竞争的界定也始终是核心的概念。《新帕尔格雷夫经济学大辞典》对"竞争"(competition)的界定是:竞争系个人(或集团或国家)间的角逐;凡两方或多方力图取得并非各方均能获得的某些东西时,就会有竞争。亚当·斯密的自由竞争理论认为一只"看不见的手"支配着每个人的行为,是每个人在追求个人利益的同时促进了社会利益。熊彼特的现代竞争理论将研究视角转移到生产,提出创新的概念即"创造性破坏"式竞争,在熊彼特看来,以企业家为主导的各种"创造性破坏"式竞争能够产生一种在企业成本和质量等方面的内部效率。张伯伦和罗宾逊的不完全竞争理论认为,在实际经济活动中不完全竞争是常态,不完全竞争采取"获取垄断地位和垄断利润—新厂商进入减少或消除垄断利润—再获取垄断地位和垄断利润"这一循环的方式促进竞争力的形成。梅森和贝恩提出了评价市场有效竞争的S-C-P范式,该范式认为市场结构取决于一个产业的基本条件,市场结构决定企业行为,企业行为导致企业间的绩效差异。虽然不同学派的经济学家对竞争理论提出了不同的观点,但竞争促进经济效率的理论已被大量经济学文献所详细阐释。②

经济理论界不断向人们传递着一个普遍且极易被接受的理念:强化竞争可以提高效率。我们知道,市场结构分为完全竞争、垄断竞争、寡头垄断和完全垄断四种,垄断程度越高,越会产生超额利润,竞争程度越高,经济效率就越高。也即充分竞争使得行业内企业的盈利能力下降。因而我们会产生疑问:竞争效应是否有利于银行竞争力的提高?

---

① 于文涛. 外资银行进入对中国银行业的影响分析[J]. 宏观经济管理,2005(8).
② 吕政,曹建海. 竞争总是有效率的吗?——兼论过度竞争的理论基础[J]. 中国社会科学,2000(6).

有人认为对于中国而言,外资银行进入的竞争效应可促进本土银行竞争力的提高。这是因为,一方面,由于商业银行的特殊性,其竞争力不仅仅指盈利能力,而是以安全性因素、盈利性因素、流动性因素为主体,整合了盈利能力、市场服务能力和风险管理能力等在市场竞争中表现出的综合竞争能力;另一方面,在中国,麦金农和肖提出的金融抑制广泛存在,本土银行业普遍存在着竞争不充分的问题,本土银行普遍缺乏资金资本,公司治理机制不够健全,银行内部的泛行政化色彩浓重以及产权不够明晰,从而影响着本土银行经营者对利润和业绩的敏感性,这些问题使得本土银行业的经营偏离利润最大化目标,本土银行在垄断下滋生的安逸,使得银行竞争力较低,当外资银行进入时,在竞争效应下本土银行竞争力会提高。

第二节已有阐述,在中国外资银行比本土银行具备效率优势。因而,当具有效率优势的外资银行进入中国后,主要通过以下几个方面影响着银行的竞争:(1)外资银行进入中国,直接增加了该国银行业的数量,促进了银行业的竞争。(2)外资银行进入中国后,以其具备的效率优势给该国银行业带来强大的竞争压力,迫使该国银行改善管理,提高金融服务质量,促进了银行业的竞争。(3)外资银行的潜在进入也是一种可置信威胁,促使中国银行业调整金融产品价格,并增强新业务的开拓力度和对先进业务技术及管理方法的投资力度,促进了银行业的市场竞争。①

较为普遍的观点是:在竞争的过程中,中国本土银行为了和外资银行竞争,进行产权制度改革,完善治理结构,不断改善经营管理模式,提高风险管理水平,从而使溢出效应得以发挥,提高本土银行的竞争力。在短期内,外资银行的进入可能导致本土银行产生更高的费用,削弱银行业的竞争能力,但长期来看,与外资银行的竞争会导致银行业管理水平的提高、服务质量的改善和风险管理水平的提升,提高本土银行的竞争力。这一点已被多位经济学家的理论和实证研究所验证(见 Cevdet Denizer, 2000; Claessens, Demirguc-Kunt 和 Harry Huizinga, 2001; Janek Uiboupin, 2005; H. Semish Yildirin 和 Georgc C. Pllilippatos, 2007)。

当然,银行业的对外开放会导致中国金融市场上的激烈竞争,如果本土银行不及时采取措施积极应对外资银行带来的变化,溢出效应没有显现,将使本土银行业的市场份额萎缩,客户质量下降,高端人才流失,银行业综合

---

① 毛捷,李冠一,金雪军. 外资潜在进入的竞争效应分析:来自中国银行业对外开放的经验数据[J]. 世界经济,2009(7).

竞争力降低。

若干发展中国家的经验表明,外资银行进入的竞争效应主要表现在:

(1)争夺金融产品。外资银行凭借其强大的创新能力和优质的产品服务,可以在短期内开发出新的极具竞争力的金融产品。外资银行广泛的业务范围和丰富的投融资品种将抢夺国内银行的业务份额。在传统存贷业务方面,国内银行的产品品种均远远不及外资银行,无法满足客户的各种需求;在表外业务方面,外资银行经营的历史悠久,品种齐全,收益率高,成为其利润的主要来源,而中国的表外业务起步晚,品种少,收益差,对利润的贡献率较低。目前,随着经济与金融的发展,人们的理财观念越来越强烈,对相关金融产品与服务的需求也在增加。外资银行利用自身更好的投资渠道和投资能力、更专业的服务和丰富的产品,将在此领域体现出难以估量的竞争力,从而对国内银行的业务发展产生一定消极影响。另外,外资银行在资本市场、货币市场、资金市场、外汇市场等方面都具有国内银行无可比拟的优势。除了业务方面的冲击,外资银行树起了一道"专利壁垒",对国内银行形成了潜在的技术垄断,这将不利于国内银行竞争力的提高。

(2)对优质客户的争夺。外资银行一般都拥有先进的专利技术、巨大的品牌效应、丰富的管理技能。外资银行在市场营销、产品定价、优化资产和市场化操作方面拥有成熟的经验及较强的创新能力,这些都将会使国内银行在争夺优质客户方面处于劣势地位。外资银行会采用"摘樱桃"的客户策略,将目光投向中国的高端和优质客户。外资银行通过市场细分等手段,确定自己的目标客户,并对优质的高端客户提供更完善的服务和更优质的金融产品,以吸引优质客户。这样的客户发展战略不仅可以使银行获得更高的收益,也是降低银行经营风险的有效方式。这种对优质客户的抢夺一方面使国内银行面临优质客户流失、收益率下降的问题;另一方面会使国内银行花费更多的成本来维持和开拓优质客户,从而造成银行成本的上升,这将对国内银行竞争力的提升产生负面影响。①

(3)争夺优秀人才。金融服务业是资金密集型企业,同时也是知识密集型企业,人员的素质是决定其兴衰的关键。目前进入中国的外资银行基本上都是在国际上有影响、有竞争力的大型银行。为了在竞争中取得先发优势,这些外资银行一方面会把国外优秀金融人才引到中国,另一方面外资银行进入中国以后需要大量对中国金融市场熟悉且拥有大量客户群的优秀金

---

① 侯钦.外资银行进入对我国银行业经营效率影响的实证分析[D].山西财经大学,2012.

融人才,更会采取从国内商业银行挖掘人才的措施。其通常采用高薪、提供出国培训及优越的工作环境等来吸引国内商业银行高素质人才加盟,使本就稀缺的国内商业银行优秀金融人才流失,削弱国内商业银行人才竞争力。国内银行为了挽留优秀人才必须提供更加优惠的报酬,以增加吸引力,从而,外资银行和国内银行为了吸纳优秀人才会各自增加成本。

总之,外资银行进入对中国银行业竞争力的影响究竟是正面的还是负面的,学术界尚存在着争论。

三、溢出效应和竞争效应的现实表现

外资银行进入后对不同国家的影响不同,比如阿根廷在银行业开放中丧失了银行控股权,不仅国内商业银行受到了消极影响,还爆发了金融危机。然而,澳大利亚的情况正好相反,银行业开放后其商业银行的效率得到提高,银行业的竞争力也得到提高。这是因为银行业是经营货币和风险的特殊产业,与生产企业相比是典型的负债经营单位。银行依附产业部门赚取利润,以银行经营者(代理人)为中心节点形成经营者与银行资本所有者、存款人、贷款人相互间的多重委托—代理关系及债权—债务纽结。① 因而,优胜劣汰的竞争机制对于银行业又有其特殊性。外资银行的进入通过溢出效应和竞争效应影响着银行业的竞争力,然而,银行的过度竞争,或竞争时机不当,也会对社会经济产生较多的不良影响,银行业的经营风险、银行危机的爆发必将波及整个经济体系。

中国属于新兴市场国家,外资银行比中国银行具备效率优势,然而,加入WTO前的相当一段时间内,即前三个阶段,由于金融开放的初始条件和中国对银行开放政策的约束,外资银行经营范围是部分地区、部分金融服务和部分客户,中国银行业并未面临直接的竞争压力,外资银行进入对中国银行业的竞争效应和溢出效应是非常有限的。加入WTO以后,在过渡期内,外资银行的潜在进入对中国银行业的竞争压力增强,而在过渡期结束后,随着地域、业务和客户限制的取消及法人银行的建立,外资银行和中国国内银行业开始进行激烈竞争,外资银行和中国银行的市场分割格局逐渐被打破,外资银行和中国银行业的竞争趋于激烈化和长期化。在外资银行与中国银行业竞争的过程中,外资银行对中国银行的溢出效应同时发挥作用,影响着

---

① 宋翠玲.信贷非均衡行为的负外部性及成因分析——简论国有商业银行负外部性的体制诱因[J].2004(6).

中国银行的竞争力。

中国银行业是典型的寡占市场,垄断程度较高,资源分配的效率较低,虽然外资银行进入中国市场,其资产占比基本在2%的份额以内(2017年该占比为1.29%),但是起到了一定的溢出效应和竞争效应。国内银行在面对外资银行带来的竞争压力时,积极进行模仿和借鉴,不断推出新的金融产品,全面提升经营管理水平,积极降低银行经营成本。然而,正如上文所论述的,外资银行进入的溢出效应和竞争效应对中国银行业竞争力的倾向还不能确定。

综上所述,在不同的金融发展程度、金融开放程度和金融监管水平下,外资银行进入对中国银行业竞争力的影响也将不同。那么,对于中国而言,外资银行的进入会给中国银行竞争力带来怎样的影响,只有通过实证检验,才能给出答案。

第四节　银行业对内开放对银行业竞争力影响的作用机理

随着中国对外开放程度和经济发展对外依存度的提高,为服务好企业客户,由银行机构国际化和银行业务国际化所带来的银行国际化经营,是当代商业银行发展无法回避的必然选择。然而,中资银行走出国门与国际一流银行竞争时,正如本章第二节所论述的那样,外资银行竞争优势依然存在,而中资银行的主场优势已不复可见。中资银行走出国门对银行业竞争力影响的作用机理可从以下三个方面来探讨。

一、学习效应

学习效应是指跨国银行通过一系列国际化经营活动,获得了有关国外市场和经营的知识,使其能克服对国外市场不熟悉和作为外来者的不利身份的挑战。在此背景下,经验知识包含了跨国银行在国际市场上经营所积累的所有类型的知识,标示了其在母国和东道国市场上搜寻、分析和处理国际性事务的能力。由此可以看出,国际化经验是组织不断学习的一个重要产出,而学习是组织获取经验的重要途径。企业所拥有的海外市场的经验知识,会促使其加大对海外市场的资源投入。而海外市场投入的增多,反过来又增加了企业的经验知识,进一步降低了企业对海外市场的感知风险,导致海外资源承诺度提高,如此循环演进。

中国作为新兴市场国家,并不具备所有权优势,在中国银行业海外扩张的动机中有多种考量,获取知识或战略性资产以弥补其竞争劣势是极其重要的原因之一。Moon 和 Roehl 的非平衡理论认为,即使企业不具有所有权优势,也可以通过学习新的技术或管理知识来提高自身竞争力。对拓展海外市场的中资银行来说,挑战既来自高素质的国际化人才和国际化经营经验的不足,也来自风险控制能力和战略规划需要的加强,还来自对当地经济运作环境和方式的熟悉与操作。解决中国银行与环境之间的矛盾的唯一途径就是学习导向。通过学习效应所获得、积累的关于国际经营的知识和经验,使银行获得对国外市场的洞察力,并发展国际化的专长与技能,从而克服作为"外来银行"的风险和劣势,有助于提高经营绩效,提升银行竞争力。在银行业国际化经营过程中,银行业所拥有的组织学习能力越强,就越能够从不同来源获得经验和技能,学习效应对从事国际化经营的中国的银行业而言是非常重要的。①

二、规模经济效应

规模经济是指在一定科技水平下随着生产能力的扩大使企业长期平均成本下降的趋势。在商业银行对内开放进程中,打破国内市场限制走出国门,在对外扩张中逐渐增大规模而导致长期平均成本下降。商业银行的国际化经营通过资金实力、管理经验等优势支配了全球的金融资源,获得了在全球范围内实现利润最大化的机会,并通过兼并收购和金融服务的全能性,提升了银行的综合竞争力,这就是银行跨国经营的规模化效应。

跨国银行的规模经济主要体现在资产存量和银行网络规模上。由于银行是资金密集型行业,因而如果资产规模大,则可以通过分散投资来抵御风险,提高利润率,而且规模在边际上的拓展带来的报酬往往是递增的。拥有遍布全球的银行网络则是跨国银行规模经济优势的另一体现。网络覆盖面越大,则办理全球结算交易越便捷,越能吸引客户。从某种意义上说,这种网络系统才是未来信息化时代跨国银行实施全球化战略的第一优势。从原理上总结,这两种优势是通过扩大边际产量和交易成本的节约来实现的。②

总之,在商业银行对外扩张的过程中,随着银行业务规模、人员数量、机

---

① 杨丽华.基于学习效应的中资银行国际化行为研究[D].湖南大学.
② 汪建,吴英蕴.当代银行国际化经营的理论动机[J].上海经济研究,2000(7).

构网点的扩大而产生的单位运营成本下降、单位受益上升,使商业银行形成技术优势、管理优势、融资优势、营销优势、采购优势和研发优势。银行通过跨国经营可以降低平均成本,形成规模经济,提高效率和盈利能力。①

三、市场扩张效应

在国内银行业的激烈竞争中,各大商业银行对国内市场划分已基本形成定局,利润分化较为严重,未来的发展和盈利空间已经变得相对有限。当传统市场遭遇到利润增长的瓶颈时,本土银行"走出去",拓展境外市场,可以在更大更广的市场范围内利用和配置资源,开辟新的利润增长点,增强自身实力和竞争能力。

一国国际贸易和国际投资的发展,为跨国银行走出国门提供了优质的客户支持。在激烈的国际市场竞争中,本土银行的国际化为其企业客户的国际化扩张创造了积极条件,国际化的本土银行能够为进行国际化扩张的企业服务,从而拓展了本土银行的优质客户群。这些客户能够利用在当地市场的经营经验和社会关系网络,为中资银行提供当地市场信息,吸纳更多当地新客户加入。

总之,中资银行发展国际化经营,在失去主场优势后如何在国际金融市场上同外国银行相竞争,在竞争过程中国际化竞争对商业银行竞争力的影响如何,仍然存在不确定性。而且中资银行进入东道国国家设立分支机构后,能否在竞争中求生存求发展和两国金融发展与金融文化的相似程度有关。如果两国的金融发展和金融文化的相似程度较高,无论本土银行还是外资银行都具有健全的财务指标体系,那么商业银行进入东道国后,发展状况就会比较好,既有利于信贷市场的扩张和借贷客户的拓展,也有利于学习效应、规模经济效应和市场扩张效应的发挥。

四、上述效应在中国的现实表现

中国商业银行实施走出去发展战略,方式以在境外设立营业性分支机构为主,包括设立分行、子银行,目的地有新兴市场国家和地区,也有发达国家和地区。2004年年初进行股份制改革之前,商业银行走出去主要是以中国银行为主。之后,商业银行积极推行走出去的战略,截至2016年年底,22家中资银行业金融机构在63个国家和地区设立了1 353家分支机构。在中

---

① 徐沙.中国商业银行开放水平对其绩效的影响研究[D].江西财经大学,2009.

国商业银行国际化的进程中,上述效应不同程度地发挥着作用。

中国商业银行的国际化初期依赖于中国企业和个人的国际化,国际化的企业或个人直接为中资银行在境外经营提供了大量稳定而优质的客户资源,使其能够在国际化初期避开与跨国银行以及当地银行的激烈竞争,从而在境外市场快速地站稳脚跟。

中国商业银行走出国门必然面临"陌生的负担"①,解决这一问题和学习效应、规模经济效应及市场扩张效应的发挥密切相关。伴随着中国银行业的改革开放,尤其是在完成股份制改革、实现上市之后,中资银行境外机构也得到了长足发展。然而,当中资银行进入发达国家的银行市场,与竞争力较强的国际大银行竞争时,中资银行存在以下问题:中资银行总体竞争实力较弱,盈利能力差;新技术的开发和应用滞后,金融创新能力弱;中资银行走向国际市场缺乏外部支持,政府的指导和扶持不足。这些问题的存在制约着上述三个效应对中国商业银行竞争力的正面影响。

综上所述,改革开放以来,中资银行境外机构得到快速发展,银行业对内开放通过学习效应、规模经济效应和市场扩张效应有助于银行竞争力的提升,然而中资银行海外机构也存在着诸多经营和管理方面的问题。那么,对于中国银行业而言,中资银行的走出去会给中国银行业竞争力带来怎样的影响,只有通过实证检验才能给出答案。

第五节 结 论

结论一:数理模型显示,在满足 10 个假定条件下,随着外资银行的不断进入和中资银行不断走出国门,银行业竞争加剧,导致中国本土银行(h)、跨国银行(m)和外资银行(f)发放贷款和吸收存款数量的减少以及利润水平的降低。然而,银行业总的均衡贷款量(L^*)和均衡存款量(D^*)增加,主要是由外资银行的进入和跨国银行的走出去所引起的中国银行业的市场深化导致的。

结论二:数理模型还显示,在利率管制制度下,中国本土银行、跨国银行

---

① 即对东道国的政治、经济、文化、法律等各方面情况不了解而带来的额外成本,以及根据国内外政治、经济、文化、法律等维度上的差异,调整银行在国内环境下长期形成的经营方式而增加的成本。

和外资银行的市场份额是由各自的运营成本决定的。跨国银行的市场份额取决于其走出国门后各种效应对存贷成本影响的综合结果。而本土银行的市场份额取决于当与外资银行竞争时各种效应对存贷成本影响的综合结果。

结论三：当外资银行进入中国时，外资银行和本土银行相比各有其优势；中资银行走出国门后，虽然并不具备所有权优势，但也有其优势存在。因此，外资银行和本土银行在同一平台上运行，必然相互影响。

结论四：银行业对外开放通过溢出效应和竞争效应对东道国银行竞争力产生影响，银行业对内开放通过学习效应、规模经济效应和市场扩张效应对母国银行竞争力产生影响。尽管如此，银行业对外开放和对内开放对中国银行竞争力的影响如何，还有待实证检验。

第六章
银行业开放对中国银行业竞争力影响的实证分析

第五章就银行业开放对银行竞争力影响的作用机理从银行业对外开放和对内开放两个角度进行了探讨。银行业对外开放通过溢出效应和竞争效应影响银行综合竞争力,银行业对内开放通过学习效应、规模经济效应和市场扩张效应影响银行的竞争力,然而,银行业开放对银行竞争力的影响是正面效应还是负面效应,在不同的国家结果不同。本部分旨在探讨中国银行业开放对中国银行业综合竞争力的影响。

第一节 实证分析模型的建立

一、模型的总体设计

根据国际学术界常用的分析思路,借鉴 Claessens(2001)、Lensink 和 Hermes(2004)以及 Uiboupin(2005)等的基本思想,结合中国的实际情况,本章提出一个系统的实证分析模型。在 Claessens(2001)模型中,Claessens 采用净利息收入占总资产的比例、非利息收入占总资产的比例、税前收入占总资产的比例、期间费用占总资产的比例和呆账准备占总资产的比例等指标来衡量银行业的经营情况,因为对于不同国家的不同银行来讲,这些指标能够很好地表征盈利能力和经营状况。我们将第四章中衡量银行综合竞争力的 12 个子变量和 1 个总变量定义为实证分析的被解释变量,12 个子变量为资产收益率、资本收益率、不良贷款率、拨备覆盖率、选择资本充足率、核心资本充足率、流动性比率、存贷比、非利息净收入占比、中间业务占比、成本收入比、存贷规模，这些指标包括了银行竞争力的各个角度。将12个子变量和1个综合竞争力指标作为被解释变量，能够更全面地衡量银行业开放对银行竞争力的影响。影响银行竞争力的变量很多，正如第五章所论述的，从理论上说银行业开放可能会影响东道国国内银行的行为，而分析银行业开放对中国银行业竞争力的影响正是本著的目的所在。

这里只研究银行业开放对中国银行竞争力的影响，因而舍弃了Claessens(2001)等人模型中的国家维度。由于中国传统五大国有银行在各方面市场份额的绝对优势，根据中国的实际情况，在模型中加入银行业集中度指标。银行体系是一个国家经济结构中最敏感、最复杂的部分，它的运行状况、发展趋势受多种因素影响，为确保分析的准确性，特设置控制变量，选取一系列国家层面、行业层面和银行自身层面的数据对中国银行竞争力受银行业开放的影响做实证分析。

二、变量选取的理论基础

在前面研究的基础上进行变量的选取。被解释变量为前面第四章中衡量银行综合竞争力的12个子指标和1个综合竞争力指标，解释变量为前面第三章对中国银行业开放的测度值，控制变量选取包括国家层面、行业层面、银行自身层面在内的三方面指标，各变量的选择及选择理由如下。

被解释变量：反映银行竞争力的12个原始指标以及银行的综合竞争力指标。选取反映银行竞争力的12个指标作为被解释变量，以了解银行业开放对中国银行业各方面能力的影响。选择资产收益率、资本收益率反映中国商业银行的盈利能力；选择不良贷款率、拨备覆盖率来反映中国商业银行的贷款安全性状况；选择资本充足率、核心资本充足率来衡量商业银行抵补风险损失的能力；选择流动性比率、存贷比来反映上市银行的流动性；选择非利息净收入占比和中间业务占比衡量各银行的创新能力；选择成本收入比来表征银行的经营效率；选择存贷规模指标来表征银行的市场实力。这样能更全面地衡量银行业开放对银行竞争力的影响。由于本部分要验证银行业开放是否影响银行业的综合竞争力，而前文用主因子分析方法从纵向和横向角度对各银行的综合竞争力进行了测度，考虑到数据的可比性，选取银行综合竞争力的纵向测度值作为被解释变量。

解释变量：银行业开放水平的测度值，该指标在前文已有测度。前文在对银行业开放水平进行测度时，分别从官方承诺和现实角度以及银行业对外开放和对内开放角度进行了测度。因而,银行业开放水平的测度值涉及四个指标,即银行业官方承诺水平测度值、银行业现实开放水平测度值、银行业现实对内开放测度值和银行业现实对外开放测度值。之所以没有将银行业官方承诺对外开放水平和对内开放水平纳入解释变量,是因为官方承诺水平下的对内开放水平固定为1,从而使得官方承诺水平下开放水平的度量主要由对外开放水平所决定。

控制变量之国家层面:国内生产总值(GDP)。文献综述及机理分析中认为银行业对外开放对银行业溢出和竞争效应的发挥与东道国的初始发展水平相关,而且宏观经济运行的特征之一是金融系统尤其是银行系统愈来愈扮演着重要角色从而成为经济运行的枢纽与核心。经济增长率高、国民收入提高有利于增加银行业的存款和贷款,提高贷款质量,并促进中间业务量的增加,从而影响着商业银行的竞争力。GDP是各种宏观经济因素综合作用的结果,代表一个国家经济的总体规模,因此本著选取东道国GDP的增长量作为衡量东道国宏观经济发展水平的指标,兼顾各种宏观因素的综合作用和宏观经济运行态势的影响。

控制变量之行业层面:银行业总规模和市场集中度。各银行的竞争力与银行业的整体发展状况是分不开的,本著选取银行业总规模来反映银行业的总体运行情况。市场集中度是指某一特定市场中少数几家最大企业所占的份额。银行业市场集中度是指银行业中最大的n个银行的资产占银行总资产的比例。其值的大小反映了整个银行体系的市场结构和竞争程度,以及各家银行在市场中所占据的地位。中国的银行业是一个十分典型的寡占市场,国有银行不论在资产规模还是网点数量上都处于绝对领先水平,因而在此将市场集中度(CRn)纳入分析模型来反映中国银行业的市场结构。

控制变量之银行自身层面:市场规模。银行规模是指商业银行市场规模,理论上认为银行业是具有规模经济的行业,其规模越大,竞争力也就越强。我们在用SPSS计量各银行的综合竞争力时,选用的大多是相对指标,然而绝对指标,尤其是规模指标对银行的竞争力影响相对比较大。而且在机理分析中,银行开放对银行竞争力效应的发挥与银行的稳健性相关。一般而言,用以反映银行规模的指标可以是总资产、总收入等指标,为了避免变量之间的相互影响,本著选取银行的资产规模作为银行自身层面的控制变量。

表6.1 变量定义表

变量的归属	变量代码	变量含义	计算方法
被解释变量(y)	Y1	资产收益率	净利润/资产总额
	Y2	资本收益率	净利润/资本总额
	Y3	不良贷款率	不良贷款余额/全部贷款
	Y4	贷款拨备率	呆账准备金/不良贷款余额
	Y5	存贷比	贷款余额/存款余额
	Y6	流动性比率	流动资产/流动负债
	Y7	资本充足率	资本/风险加权资产
	Y8	核心资本充足率	核心资本/风险加权资产
	Y9	中间业务占比	中间业务净收入与营业收入之比
	Y10	非利息收入占比	非利息净收入与营业收入之比
	Y11	成本收入比	营业费用与营业收入之比
	Y12	存贷款规模	存款总额+贷款总额
	Y13	银行综合竞争力	前文的测度值
解释变量 BOU	BOU1	银行业官方承诺开放水平	前文的测度值
	BOU2	银行业现实开放水平	前文的测度值
	BOU3	银行业现实对外开放水平	前文的测度值
	BOU4	银行业现实对内开放水平	前文的测度值
控制变量：银行自身层面	TA	银行资产规模	银行的总资产
控制变量：行业层面	YTA	银行业总规模	银行业整体资产规模
	CR	行业集中度(CR5)	五大银行资产与总资产比率
控制变量：国家层面	GDP	经济增长水平	国内生产总值

三、计量分析方法和数据来源

本著选取截面数据和时间序列混合数据（面板数据）来进行分析。面板数据具有三维（截面、时期、变量）信息的数据结构，从横截面上看，是由若干个体在某一时点构成的截面观测值；从纵剖面上看，每个个体都是一个时间序列。这种三维信息可以克服样本数量少的缺陷，增加估计的无偏性和有效性，可以构造和检验比以往单独使用横截面数据或时间序列数据更为真实的行为方程。

根据前文对银行业开放水平和银行综合竞争力的度量以及数据的可得性,选取国内 5 家大型国有商业银行和 7 家股份制银行共 12 家样本银行,时间区间为 2002—2017 年。银行资产规模的数据来源于各银行年报,行业层面和国家层面变量数据来源于《中国金融年鉴》和《中国统计年鉴》。

第二节 面板数据模型的建模检验

一、单位根检验

为避免模型出现跨截面的时间序列问题,应先对模型进行单位根检验。面板数据的单位根检验方法划分为两大类:一类为相同根情形下的单位根检验,这类检验方法假设面板数据中的各截面序列具有相同的单位根过程(common unit root process),常用的单位根检验方法有 LLC 检验、Breitung 检验;另一类为不同根情形下的单位根检验,这类检验方法允许面板数据中的各截面序列具有不同的单位根过程(individual unit root process),常用的单位根检验方法有 IPS 检验、Fisher-ADF 检验、Fisher-PP 检验等。通过 Eviews 6.0 得到各变量的单位根检验结果,如表 6.2 所示。

表 6.2 各变量面板数据水平值单位根检验表

	LLC	Breitung	IPS	Fisher-ADF	Fisher-PP
Y1	-4.840 34 (0.000 0)		-2.522 48 (0.005 8)	43.140 1 (0.009 6)	36.541 0 (0.048 6)
Y2	-3.250 3 (0.000 6)		-2.829 39 (0.002 3)	46.317 6 (0.004 1)	41.866 8 (0.013 4)
Y3	-9.237 50 (0.000 0)		-9.157 18 (0.000 0)	74.409 7 (0.000 0)	146.651 (0.000 0)
ZY4	-1.875 40 (0.030 4)		-1.629 04 (0.051 7)	30.515 6 (0.168 2)	38.339 0 (0.032 0)
ZY5	-2.019 59 (0.021 7)		-2.707 46 (0.003 4)	42.027 4 (0.012 8)	91.898 2 (0.000 0)
Y6	-3.271 24 (0.000 5)		-2.189 28 (0.014 3)	38.433 1 (0.031 3)	70.052 1 (0.000 0)

续表

	LLC	Breitung	IPS	Fisher-ADF	Fisher-PP
Y7	-4.937 52 (0.000 0)	-2.549 39 (0.005 4)	-2.506 76 (0.006 1)	43.166 4 (0.009 5)	58.216 7 (0.000 1)
Y8	-3.374 96 (0.000 4)	-4.119 92 (0.000 0)	-2.128 33 (0.016 7)	39.272 1 (0.025 6)	50.616 0 (0.001 2)
ZY9	-1.404 01 (0.080 2)		-1.736 33 (0.041 3)	34.771 2 (0.071 9)	82.051 3 (0.000 0)
ZY10	-3.242 40 (0.000 6)		-2.629 67 (0.004 3)	46.267 8 (0.004 1)	118.608 (0.0000)
Y11	-4.217 41 (0.000 0)	-1.521 75 (0.006 4)	-2.669 17 (0.003 8)	45.729 0 (0.004 8)	42.015 1 (0.012 9)
ZY12	-0.610 39 (0.270 8)	-3.036 24 (0.001 2)	-0.963 4 (0.212 9)	34.834 0 (0.070 9)	38.367 2 (0.031 8)
ZY13	-8.537 98 (0.000 0)	-2.479 96 (0.006 6)	-6.428 74 (0.000 0)	87.165 2 (0.000 0)	91.028 8 (0.000 0)
ZBOU2	-6.724 96 (0.000 0)		-3.337 46 (0.000 4)	48.055 6 (0.002 5)	67.590 6 (0.000 0)
ZBOU3	-7.559 12 (0.000 0)		-3.332 49 (0.000 4)	47.999 8 (0.002 5)	50.744 5 (0.001 1)
ZBOU4	-4.427 83 (0.000 0)		-1.063 99 (0.143 7)	24.839 3 (0.414 5)	39.662 7 (0.023 2)
ZTA	-6.873 02 (0.000 0)	-3.818 80 (0.000 1)	-4.932 71 (0.000 0)	63.655 8 (0.000 0)	68.756 8 (0.000 0)
ZYTA	-5.421 61 (0.000 0)		-5.849 27 (0.000 0)	74.433 2 (0.000 0)	79.845 1 (0.000 0)
CR	-7.520 41 (0.000 0)			78.586 4 (0.000 0)	128.865 (0.000 0)
ZGDP	-6.967 37 (0.000 0)	-2.923 19 (0.001 7)	-1.630 27 (0.051 5)	31.870 1 (0.130 2)	73.522 3 (0.000 0)

注：是否通过检验由括号内的概率大小来判断，若概率大于15%，则认为未通过检验。Δ表示一阶差分，Z表示增长率。五种检验模式都有概率的表示选择的模式为既有趋势又有截距，四种检验模式（排除Breitung）有概率的表示选择的模式只有截距，只有三种检验模式（排除Breitung和IPS）有概率的表示选择的模式为以上都无。

由表6.2可知，在15%的置信水平下，ZY12未通过LLC检验和IPS检验,ZBOU4 未通过 Fisher-ADF 检验,其余均通过检验。由于本著采用的数据序列较多,且各银行和银行业是社会数据,因而所有的数据刚好都平稳的概率较小。尽管有些数据未通过五种单位根检验方法中的一个或两个检验,但根据大数定律,这些变量基本可以认为是平稳的。从表 6.2 的检验结果来看,相对数值的指标(比如资产收益率 Y1)原始数据大多是平稳的,绝对数值的指标(比如国内生产总值 GDP)一阶差分平稳,其中 BOU1 变量代表银行官方承诺开放水平,该变量是赋值变量,在本著所研究的时间区间内只有两个赋值属于定性变量,类似于虚拟变量,因而在此无须做单位根检验。Claessens 等(2001)采用各变量的差分形式,而 Unite 等(2003)则直接对原始变量进行回归。本研究经过单位根检验得出结论,对于 Y4、Y5、Y9、Y10、Y12、Y13、BOU2、BOU3、BOU4、ZYTA 采用一阶差分形式,对于其他相对数值的变量采用原始数据形式。

理论上讲,银行业开放和一国经济发展水平之间具有相关关系。"追求机会"假说认为外资银行进入发展中国家的真正兴趣可能在于开发东道国的盈利机会,东道国的初始经济金融水平是跨国银行跨国经营所考虑的主要因素之一。反之,银行业开放所产生的溢出效应和竞争效应在东道国产生的影响和该国的初始经济金融发展水平有关。也就是说,银行业开放对东道国银行业竞争力的影响可能取决于东道国的经济发展水平。因而,在模型设定时,考虑交叉项银行业开放(BOU1 等)和国内生产总值(GDP)的乘积。

$$Y_{p,i,t} = \alpha_0 + \beta_1 ZTA_{i,t} + \beta_2 ZYTA + \beta_3 CR_t + \beta_4 ZBOU_{j,t} + \beta_5 ZBOU_{j,t} \times ZGDP_t + \varepsilon_n$$
(6.1)

该公式中,$p = 1, 2, \cdots, 13$ 表示 13 个银行竞争力变量;$i = 1, 2, \cdots, 12$ 表示 12 家样本银行;$j = 1, 2, 3, 4$ 表示 4 个银行业开放水平变量,其中当 $j = 1$ 时,$\beta_4 ZBOU_{j,t} = \beta_4 BOU_{1,t}$。

二、协整检验

在对各变量进行单位根检验后,为避免伪回归,本研究对自变量和因变量进行了协整检验,因为如果不存在协整关系,就不能建模,如果强制进行建模,只能构造 VEC 模型。采用 Kao 检验法,以因变量为资产收益率(Y1)的面板数据模型为例,经济发展水平选择 $ZBOU \times ZGDP$ 变量。结果如表 6.3 所示,在 10% 的置信水平下,模型中的各变量均存在长期稳定的协整关系。由此可知,对因变量为 Y1 的模型 1~模型 4 可以进行建模分析。

表6.3 因变量为资产收益率 Y1 的面板数据模型的 Kao 检验表

ADF（对包含 BOU1 模型的验证）	t-Statistic	Prob.
	−30.806 376	0.000 1
ADF（对包含 BOU2 模型的验证）	t-Statistic	Prob.
	−3.654 906	0.000 1
ADF（对包含 BOU3 模型的验证）	t-Statistic	Prob.
	−3.338 245	0.000 4
ADF（对包含 BOU4 模型的验证）	t-Statistic	Prob.
	−4.908 580	0.0000

其他模型的 Kao 检验见附录。由附录10至附录21可知，对于因变量为资本收益率 Y2、拨备覆盖率 Y4、流动性比率 Y6、成本收入比 Y11、存贷款规模 Y12 的面板数据模型而言，模型中的各变量之间均存在协整关系。这说明银行业开放水平和东道国银行业的收益、资产安全性、流动性、创新能力、市场规模之间存在着长期的稳定关系。

对于资本充足率 Y7、核心资本充足率 Y8、银行综合竞争力 Y13 的面板数据模型，检验结果表明以银行业现实开放水平为自变量的3个模型中，各变量均存在长期稳定的协整关系。而以银行业官方承诺水平作为自变量的模型1中，各变量之间在10%的置信水平下不存在长期协整关系，然而 Y7 的面板数据模型 P 值为 13.47%，Y8 的 P 值为 12.96%，Y13 的 P 值为 10.06%，在15%的置信水平下是存在长期协整关系的。另外，以上模型如果不考虑经济发展水平变量，各变量的面板数据模型均明显存在长期稳定的关系，说明中国经济发展水平和资本充足率指标、银行综合竞争力指标等之间的关系不明显。比如，东道国银行业的资本充足率指标主要和一国的监管水平以及外资银行所带来的竞争效应有关。银行业官方承诺开放水平代表着中国官方的开放态度，与中国官方对银行业的支持紧密相关。

三、模型设定检验

面板数据建模的一个重要任务就是判别模型中是否存在个体固定效应。为了确定模型的类型，本研究使用冗余固定效应检验法对模型进行检验。对于因变量为资产收益率 Y1 的面板模型，其冗余固定效应检验结果如表6.4所示。

表 6.4 因变量资产收益率 Y1 的面板数据模型的冗余固定效应检验结果

Effects Test(对包含 BOU1 模型的验证)	Statistic	d.f.	Prob.
Cross-section F	10.480 183	(11,151)	0.000 0
Cross-section Chi-square	95.223 458	11	0.000 0
Effects Test(对包含 BOU2 模型的验证)	Statistic	d.f.	Prob.
Cross-section F	8.342 690	(11,151)	0.000 0
Cross-section Chi-square	79.771 937	11	0.000 0
Effects Test(对包含 BOU3 模型的验证)	Statistic	d.f.	Prob.
Cross-section F	7.283 091	(11,151)	0.000 0
Cross-section Chi-square	71.506 054	11	0.000 0
Effects Test(对包含 BOU4 模型的验证)	Statistic	d.f.	Prob.
Cross-section F	8.874 723	(11,151)	0.000 0
Cross-section Chi-square	83.773 813	11	0.000 0

由表 6.4 可知,对于因变量为 Y1 的面板数据模型,检验结果显示冗余固定效应检验显著,即采用个体固定效应模型比混合模型的效果要好。因变量为 Y2 至 Y13 的面板数据模型的冗余固定效应检验结果见附录 22 至附录 33。对于因变量为 Y2 至 Y12 的面板数据模型的检验结果表明,在 3% 的置信水平下,均是采用个体固定效应模型比混合模型的效果要好。对于因变量为银行综合竞争力 Y13 的模型,冗余固定效应检验结果显示不显著,因而采用混合模型比个体固定效应模型要好。

第三节 面板数据回归分析

依据上述检验结果对各模型的面板数据进行分析,运用截面加权回归(Cross Section Weight)估计方法消除异方差的影响,并采用广义最小二乘(Generalized Least Squares,GLS)方法进行面板数据回归。回归结果见各面板数据回归分析表格。

一、对资产收益率 Y1 的面板数据回归分析

根据本章第二节的检验可知,对资产收益率的面板回归分析适用于个体固定效应模型,对资产收益率 Y1 的分析结果见表 6.5。

表 6.5 资产收益率 Y1 的面板数据分析结果

解释变量	包含 BOU1 模型的分析		包含 BOU2 模型的分析		包含 BOU3 模型的分析		包含 BOU4 模型的分析	
	系数	P 值	系数	P 值	系数	P 值	系数	P 值
C	-4.439 521	0.000 0	1.160 860	0.000 1	1.147 476	0.000 4	1.183 229	0.000 0
BOU1	0.065 873	0.000 0						
ZBOU2			3.059 129	0.001 1				
ZBOU3					1.033 051	0.036 6		
ZBOU4							2.014 686	0.003 9
ZTA	0.001 174	0.389 9	0.003 095	0.021 0	0.003 212	0.020 8	0.002 672	0.045 1
ZYTA	-0.002 397	0.270 5	-0.001 307	0.559 8	-0.003 779	0.147 4	-0.000 639	0.765 0
CR	0.005 728	0.242 2	-0.002 657	0.692 4	-0.001 343	0.851 3	-0.003 620	0.556 9
BOU1 × ZGDP	-0.000 133	0.214 7						
ZBOU2 × ZGDP			-0.298 157	0.001 6				
ZBOU3 × ZGDP					-0.111 920	0.031 3		
ZBOU4 × ZGDP							-0.185 997	0.007 4
Fixed Effects (Cross)（略）								
R-squared	0.822 480		0.820 065		0.809 701		0.820 800	
Prob(F)	0.000 0		0.000 00		0.000 00		0.000 00	
DW stat	1.781 642		1.904 401		1.883 945 3		1.924 601	

由表 6.5 可知,以资产收益率 Y1 为因变量的四个模型的拟合优度均在 80% 以上,各变量都显著地进入面板数据模型,DW 值在 2 左右,不存在自相关。在四个模型中,对银行业开放水平进行度量的四个指标的回归系数均在 5% 的置信水平下显著,说明银行业开放与中国银行业的资产收益率有较为显著的相关关系。无论是银行业官方承诺开放水平,还是银行现实的开放水平(包含银行业对外开放和银行业对内开放),对资产收益率的影响都是正的,这意味着随着银行业官方承诺开放水平和银行业现实的开放水平的提高,中国各类银行在鲶鱼效应下加快推进银行产权改革,完善法人治理结构,在市场机制下注重盈利水平的提高。其中银行业现实的开放水平对中国银行业的资产收益率的影响不仅显著,且影响较大。从表 6.5 可知,银行业对外开放每变动 1 个百分点能带来中国银行业资产收益率 3.059 个百分点的变动,银行业对内开放每变动 1 个百分点能带来 1.033 个百分点的变动。

在模型 1 中,交叉项经济发展变量的系数为负,但不是很显著(概率为 0.214 7),意味着银行业官方承诺开放水平对资产收益率的影响受经济发展变量制约的程度有限。然而,在模型 2、模型 3 和模型 4 中,交叉项的系数显著,且为负,意味着经济发展变量对银行业现实的开放效应产生着影响,尽管影响比较小,影响因子为 −0.186。随着中国经济的进一步发展,银行业现实的开放水平对银行业的资产收益率的影响将逐渐减弱。

二、对资本收益率 Y2 的面板数据回归分析

根据本章第二节的检验可知,对资本收益率的面板回归分析适用于个体固定效应模型,对资本收益率 Y2 的分析结果见表 6.6。

由表 6.6 可知,以资本收益率 Y2 为因变量的四个模型的拟合优度均在 70% 以上,各变量都显著地进入面板数据模型,DW 值在 2 左右,不存在自相关。对资本收益率面板数据分析的结果和资产收益率 Y1 相似。在四个模型中,对银行业开放水平进行度量的四个指标的回归系数均在 5% 的置信水平下显著,说明银行业开放与中国银行业的资本收益率有较为显著的相关关系。与资产收益率的回归结果一致,无论银行业官方承诺开放水平还是银行业现实的对外开放,对资本收益率的影响都是正的。其中银行业现实的开放水平对中国银行业的资本收益率的影响不仅显著,且影响较大。从表 6.6 可知,银行业对外开放每变动 1 个百分点能带来中国银行业资本收益率 44.93 个百分点的变动,银行业对内开放每变动 1 个百分点能带来 21.98 个百分点的变动。

在四个模型中,交叉项的系数显著,且为负,意味着经济发展变量对银

表 6.6 对资本收益率 Y2 的面板数据分析结果

解释变量	包含 BOU1 模型的分析		包含 BOU2 模型的分析		包含 BOU3 模型的分析		包含 BOU4 模型的分析	
	系数	P 值	系数	P 值	系数	P 值	系数	P 值
C	−51.144 30	0.004 0	8.021 641	0.036 8	5.982 705	0.185 1	8.431 172	0.013 2
BOU1	0.666 495	0.001 0						
ZBOU2			44.925 78	0.007 0				
ZBOU3					21.977 65	0.017 5		
ZBOU4							25.421 99	0.041 4
ZTA	0.062 152	0.032 1	0.075 497	0.002 4	0.080 749	0.002 2	0.070 553	0.004 4
ZYTA	−0.009 452	0.832 4	0.032 323	0.432 2	−0.013 545	0.775 7	0.027 600	0.488 2
CR	0.354 449	0.000 1	0.176 992	0.036 4	0.242 004	0.016 3	0.165 594	0.025 8
BOU1 × ZGDP	−0.003 370	0.116 8						
ZBOU2 × ZGDP			−3.919 416	0.019 7				
ZBOU3 × ZGDP					−2.134 901	0.027 8		
ZBOU4 × ZGDP							−1.804 312	0.143 3
Fixed Effects(Cross)(略)								
R-squared	0.713 614		0.736 447		0.715 029		0.735 562	
Prob(F)	0.000 0		0.000 00		0.000 00		0.000 00	
DW stat	1.952 947		2.070 118		2.049 358		2.055 578	

行业官方承诺的开放水平和现实的开放水平都产生着影响,尽管影响比较小,银行业官方承诺水平影响因子为 -0.003,银行业现实的开放水平影响因子为 -1.80。随着中国经济的进一步发展,银行业开放水平对银行业的资本收益率的影响将逐渐减弱。原因是,资本收益率和资产收益率同为考察银行业经营业绩的两个相近的指标,在回归模型中系数的方向一致才是合理的。

三、对不良贷款率 Y3 的面板数据回归分析

根据本章第二节的检验可知,对不良贷款率的面板回归分析适用于个体固定效应模型,分析结果见表 6.7。

由表 6.7 可知,以不良贷款率 Y3 为因变量的四个模型的拟合优度均在 84% 以上,各变量都显著地进入面板数据模型。在四个模型中,对银行业开放水平进行度量的四个指标的回归系数基本上是显著的(前三个模型均在 5% 的置信水平下显著,第四个模型的 P 值为 0.200 6),说明银行业开放与中国银行业的不良贷款率有较为显著的相关关系。四个模型中银行开放的回归系数均为负值,说明无论是银行业官方承诺开放水平还是银行现实的开放水平(包含银行对外开放和银行对内开放),对不良贷款率的影响都是负的。由于不良贷款率本身是负向指标,意味着随着银行业官方承诺开放水平和银行业现实的开放水平的提高,中国各类银行在竞争效应下会更注重银行的安全性,使不良贷款率下降。其中银行业现实的开放水平对中国银行业的不良贷款的影响不仅显著,且影响较大。从表 6.7 可知,银行业对外开放每变动 1 个百分点能使中国银行业不良贷款率下降 5.841 个百分点,银行业对内开放每变动 1 个百分点能使不良贷款率下降 3.31 个百分点。

在模型 1 和模型 4 中,交叉项的系数不显著,意味着经济发展变量整体上对银行业官方承诺开放水平和现实指标的影响不明显。在模型 2 和模型 3 中,交叉项的系数在 5% 的置信水平下是显著的,交叉项经济发展变量为正。尽管如此,由于不良贷款率为负向指标,从而意味着经济发展水平对银行业现实的对外开放水平和对内开放水平的效应是负向效应。即随着经济的进一步发展,银行业现实的对外开放和对内开放水平的上升,使得中国银行业的不良贷款率呈现上升趋势。

四、对拨备覆盖率 Y4 的面板数据回归分析

根据本章第二节的检验可知,对拨备覆盖率的面板回归分析适用于个体固定效应模型,其分析结果见表 6.8。

表 6.7 对不良贷款率 Y3 的面板数据分析结果

解释变量	包含 BOU1 模型的分析		包含 BOU2 模型的分析		包含 BOU3 模型的分析		包含 BOU4 模型的分析	
	系数	P值	系数	P值	系数	P值	系数	P值
C	9.893 650	0.001 9	3.059 557	0.000 0	2.730 585	0.000 1	2.845 021	0.000 0
BOU1	-0.085 595	0.017 0						
ZBOU2			-5.841 234	0.011 9				
ZBOU3					-3.309 642	0.018 4		
ZBOU4							-2.756 486	0.200 6
ZTA	-0.000 391	0.922 9	-0.001 315	0.602 2	-0.002 257	0.481 3	-0.001 208	0.710 2
ZYTA	-0.015 063	0.040 4	-0.018 971	0.000 8	-0.015 425	0.038 3	-0.016 966	0.010 0
CR	-0.038 857	0.037 0	-0.038 813	0.010 4	-0.034 102	0.057 2	-0.030 967	0.061 5
BOU1 × ZGDP	0.000 040 9	0.268 8						
ZBOU2 × ZGDP			0.514 244	0.027 9				
ZBOU3 × ZGDP					0.314 312	0.033 6		
ZBOU4 × ZGDP							0.192 708	0.367 1
	Fixed Effects(Cross)（略）							
R-squared	0.848 212		0.895 429		0.863 303		0.869 058	
Prob(F)	0.000 0		0.000 00		0.000 00		0.000 00	
DW stat	1.468 083		1.392 460		1.454 345		1.469 242	

第六章 银行业开放对中国银行业竞争力影响的实证分析

表 6.8 对拨备覆盖率 Y4 的面板数据分析结果

解释变量	包含 BOU1 模型的分析		包含 BOU2 模型的分析		包含 BOU3 模型的分析		包含 BOU4 模型的分析	
	系数	P值	系数	P值	系数	P值	系数	P值
C	89.693 83	0.672 9	246.508 6	0.027 4	183.850 6	0.145 2	358.542 7	0.000 1
BOU1	3.160 078	0.165 6						
ZBOU2			708.627 0	0.003 7				
ZBOU3					321.889 3	0.002 0		
ZBOU4							191.954 1	0.245 1
ZTA	−0.098 703	0.662 5	−0.092 427	0.684 7	0.022 024	0.924 9	−0.139 631	0.523 4
ZYTA	−0.233 157	0.511 6	−0.662 108	0.101 4	−0.622 634	0.169 8	−0.434 143	0.230 5
CR	−2.692 988	0.121 4	−0.756 375	0.752 1	0.701 537	0.802 4	−3.235 584	0.085 5
BOU1×ZGDP	−0.019 628	0.394 4						
ZBOU2×ZGDP			−72.031 36	0.003 1				
ZBOU3×ZGDP					−32.544 69	0.002 6		
ZBOU4×ZGDP							−21.111 28	0.195 9
Fixed Effects(Cross)(略)								
R-squared	0.861 078		0.870 019		0.869 671		0.862 154	
Prob(F)	0.000 0		0.000 00		0.000 00		0.000 00	
DW stat	2.162 705		2.188 157		2.162 400		2.224 543	

由表 6.8 可知,以拨备覆盖率 Y4 为因变量的四个模型的拟合优度均在 85% 以上,各变量显著地进入面板数据模型,DW 值在 2 左右,不存在自相关。在模型 1 中,银行业官方承诺水平的回归系数为正,且近似显著(P 值为 0.165 6),说明随着银行业官方承诺水平的上升带来拨备覆盖率的上升。在模型 2 和模型 3 中,银行现实的对外开放和对内开放的回归系数为正,且在 1% 的置信水平下显著,说明银行业现实的对外开放和对内开放指标与中国银行业的拨备覆盖率有较为显著的相关关系,意味着随着银行业现实的对外开放和对内开放水平的提高,中国各类银行在竞争和学习效应下加快推进银行产权改革,完善法人治理结构,在市场机制下注重拨备覆盖率的提高,银行业现实的对外开放和对内开放水平对中国银行业稳定性和安全性的提高有明显的作用。从表 6.8 可知,银行业对外开放每变动 1 个百分点能带来中国银行业拨备覆盖率 708.63 个百分点的变动,银行业对内开放每变动 1 个百分点能带来 321.89 个百分点的变动。然而,在模型 4 中,由银行业对外开放和对内开放组合形成的银行业现实的开放水平的回归系数为正,只近似显著(P 值为 0.245 1),这说明了使用最原始数据进行分析的必要,进行模型分析时经过组合处理的数据可能会把数据的原始特性中和掉。当然,在模型 4 中,银行业现实的开放水平的回归系数为 191.95,一定程度上也显示了银行现实的开放水平和中国银行业拨备覆盖率之间的关系,即随着银行业现实的开放水平的上升,将影响中国银行业拨备覆盖率的上升,提升了中国银行业的安全性。

在模型 1 中,交叉项系数不显著,说明银行业官方承诺水平对拨备覆盖率的影响不受经济发展水平的制约。在模型 2 和模型 3 中,交叉项系数在 1% 的置信水平下显著,回归系数为负。在模型 4 中,交叉项系数近似显著(P 值为 0.195 9),意味着随着经济发展水平的提高,银行业对外开放和对内开放对拨备覆盖率的正面效应将减弱。

五、对存贷比率 Y5 的面板数据回归分析

根据本章第二节的检验可知,对存贷比率的面板回归分析适用于个体固定效应模型,其分析结果见表 6.9。

由表 6.9 可知,以存贷比率 Y5 为因变量的四个模型的拟合优度均在 75% 以上,各变量比较显著地进入面板数据模型,DW 值在 2 左右,不存在自相关。银行业官方承诺水平的回归系数在 5% 的置信水平下显著,其对银行业存贷款比率的影响为正。存贷比是流动性指标的逆指标,其对银行业存贷比率的正面影响就是对流动性比率的负面影响。说明随着银行业官方承

第六章 银行业开放对中国银行业竞争力影响的实证分析

表6.9 对存贷比率Y5的面板数据分析结果

解释变量	包含BOU1模型的分析		包含BOU2模型的分析		包含BOU3模型的分析		包含BOU4模型的分析	
	系数	P值	系数	P值	系数	P值	系数	P值
C	44.534 94	0.062 5	98.145 10	0.000 0	97.602 70	0.000 0	98.255 42	0.000 0
BOU1	0.613 878	0.022 0						
ZBOU2			-28.582 52	0.249 1				
ZBOU3					1.642 577	0.900 7		
ZBOU4							-20.274 77	0.287 2
ZTA	-0.050 891	0.228 2	-0.039 008	0.347 3	-0.033 912	0.424 7	-0.034 921	0.399 4
ZYTA	-0.104 298	0.073 4	-0.113 467	0.060 5	-0.126 470	0.061 3	-0.104 667	0.076 3
CR	-0.539 625	0.000 0	-0.651 453	0.000 0	-0.636 128	0.000 0	-0.654 262	0.000 0
BOU1×ZGDP	-0.001 437	0.608 6						
ZBOU2×ZGDP			2.547 592	0.308 4				
ZBOU3×ZGDP					-0.391 612	0.776 6		
ZBOU4×ZGDP							1.748 849	0.355 7
Fixed Effects(Cross)(略)								
R-squared	0.784 252		0.777 592		0.774 014		0.774 840	
Prob(F)	0.000 0		0.000 00		0.000 00		0.000 00	
DW stat	1.795 364		1.743 477		1.768 237		1.774 695	

诺水平的上升，中国各类银行注重盈利水平的提高，由于盈利性和流动性之间此消彼长，引起存贷比率的上升。在模型2、模型3和模型4中，银行业现实开放水平的回归系数均不显著，意味着与存贷比率之间不存在相关性。然而，在模型3中，银行业现实的对外开放水平对存贷比率的影响系数为负，在模型4中银行业现实的对内开放水平对存贷比率的影响系数为负，正是由于两者截然相反的影响方向导致银行业现实开放水平总体影响系数不显著。这是因为按照2006年颁布的《外资银行管理条例实施细则》，2011年年底之前外资银行在中国不受存贷比高低的限制，因而外资银行的盈利能力相对较强，外资银行进入所引起的竞争效应导致中国银行业存贷比率上升。然而，对于中资银行走出去，中国监管部门设置了75%的存贷比要求和比较严格的境外网络设置指标，而国外监管当局对中资银行设立了比当地银行更为严格的标准，这种双重限制使中国银行业存贷比率下降。

在四个模型中，交叉项经济发展变量的系数均不显著，说明银行业开放水平是否对中国银行业的存贷比率产生影响并不受经济发展水平的制约，因为存贷比率指标更多的是东道国的政策要求。

六、对流动性比率 Y6 的面板数据回归分析

根据本章第二节的检验可知，对流动性比率 Y6 的面板回归分析适用于个体固定效应模型，其分析结果见表 6.10。

由表 6.10 可知，以流动性比率 Y6 为因变量的四个模型的拟合优度均在64%以上，各变量比较显著地进入面板数据模型，DW 值在2左右，不存在自相关。在模型1中，银行业官方承诺水平的回归系数近似显著（P值为0.211 7），其对银行业流动性比率的影响系数为负，原因是在某些情况下，盈利性和流动性是此消彼长的关系，随着银行业官方承诺水平的上升，对盈利性的要求使中国银行业流动性比率下降。在度量银行业现实的开放水平的指标中，银行业现实的对外开放水平的回归系数接近显著（P值为0.190 5），且对流动性的影响为负。这是因为进入中国的外资银行，大多是国际性大银行，竞争效应所带来的中国银行业盈利性的要求，一定程度上此消彼长地引起中国银行业流动性比率的下降。银行业现实的对内开放水平的回归系数也是近似显著（P值为0.225 4），但对流动性的影响为正，原因可能如下：对于流动性比率，监管部门设置了25%的最低监管要求，然而当中资银行走出国门，面对变化莫测的国际环境时，在学习效应下更注重对商业银行总体安全性的控制，比如在2002—2017年考察期内，中行的流动性比率最低为

表 6.10 对流动性比率 Y6 的面板数据分析结果

解释变量	包含 BOU1 模型的分析		包含 BOU2 模型的分析		包含 BOU3 模型的分析		包含 BOU4 模型的分析	
	系数	P值	系数	P值	系数	P值	系数	P值
C	112.806 3	0.010 2	64.237 13	0.288 7	63.776 70	0.000 0	63.376 52	0.000 0
BOU1	-0.607 792	0.211 7						
ZBOU2			-22.670 55	0.190 5				
ZBOU3					27.932 83	0.225 4		
ZBOU4							-62.160 72	0.073 5
ZTA	0.023 384	0.688 8	-0.013 451	0.566 1	-0.007 459	0.900 0	-0.012 134	0.836 1
ZYTA	-0.137 585	0.195 8	-0.194 955	0.598 3	-0.241 520	0.040 0	-0.172 366	0.101 8
CR	-0.243 482	0.270 4	-0.358 202	0.648 2	-3.327 861	0.069 6	-0.340 190	0.051 7
BOU1×ZGDP	-0.009 051	0.083 2						
ZBOU2×ZGDP			1.772 138	0.105 5				
ZBOU3×ZGDP					-3.423 809	0.157 9		
ZBOU4×ZGDP							5.753 932	0.095 6
Fixed Effects(Cross)(略)								
R-squared	0.647 951		0.648 404		0.658 992		0.647 083	
Prob(F)	0.000 0		0.000 00		0.000 00		0.000 00	
DW stat	2.075 774		2.137 677		2.136 199		2.093 543	

43.2%(2010年),建行的流动性比率最低为41%(2007年),中信银行的流动性比率最低为38.66%(2006年),远高于最低监管要求。在模型4中,银行现实的开放水平对流动性比率的影响是显著的,且系数为负,意味着外资银行进入和中资银行走出去对中国银行业流动性的总体影响为负。

在模型1中,交叉经济发展水平变量的系数为负,意味着随着经济发展水平的提高,在中国流动性过剩的情况下,银行业官方承诺水平对中国银行业流动性比率的负面效应将逐渐减弱。在模型2和模型4中,交叉项的系数为正,且在11%的置信水平下显著,整体来看银行现实的对外开放水平和对内开放水平对流动性比率产生负面效应,随着经济发展水平的提高,中国银行业的安全意识会继续增强。

七、对资本充足率 Y7 的面板数据回归分析

根据本章第二节的检验可知,对资本充足率 Y7 的面板回归分析适用于个体固定效应模型,其分析结果见表6.11。

由表6.11可知,以资本充足率 Y7 为因变量的四个模型的拟合优度均在77%以上,各变量比较显著地进入面板数据模型,DW 值在2左右,不存在自相关。银行业官方承诺开放水平的回归系数在1%的置信水平下是显著的,银行业官方承诺水平每上升一个单位,中国银行业的资本充足率占比同方向变动0.23个单位。说明随着银行业官方开放水平的提高,对资本充足率的逐步重视促进了资本充足率的上升。银行业现实的开放水平的回归系数均不显著,资本充足情况更多的是监管部门的要求,受银行业现实的对外开放和对内开放的影响很小。也正因为如此,四个模型中,交叉项的回归系数均不显著,意味着银行开放对资本充足率的影响与经济发展水平关系不明显。

八、对核心资本充足率 Y8 的面板数据回归分析

根据本章第二节的检验可知,对核心资本充足率 Y8 的面板回归分析适用于个体固定效应模型,其分析结果见表6.12。

由表6.12可知,以核心资本充足率 Y8 为因变量的四个模型的拟合优度均在85%以上,各变量比较显著地进入面板数据模型,DW 值在2左右,不存在自相关。银行业官方承诺开放水平的回归系数在1%的置信水平下显著,银行业官方承诺水平每变动一个单位,中国银行业的核心资本充足率同方向变动0.18个单位。银行现实的开放指标均不显著,四个模型中,交叉项的系数均不显著。核心资本充足率和资本充足率之间的强相关关系决定了

表6.11 对资本充足率Y7的面板数据分析结果

解释变量	包含BOU1 模型的分析		包含BOU2 模型的分析		包含BOU3 模型的分析		包含BOU4 模型的分析	
	系数	P值	系数	P值	系数	P值	系数	P值
C	-0.999 742	0.878 9	19.083 63	0.000 0	19.357 58	0.000 0	19.128 43	0.000 0
BOU1	0.232 081	0.001 7						
ZBOU2			-0.403 481	0.958 1				
ZBOU3					0.998 576	0.808 9		
ZBOU4							-0.257 360	0.964 6
ZTA	0.015 764	0.139 3	0.018 577	0.087 4	0.019 478	0.076 1	0.019 879	0.064 5
ZYTA	0.002 254	0.908 1	0.018 543	0.361 0	0.019 705	0.384 6	0.014 416	0.462 9
CR	-0.138 819	0.000 0	-0.172 771	0.000 0	-0.178 758	0.000 0	-0.172 683	0.000 0
BOU1×ZGDP	0.000 145	0.870 6						
ZBOU2×ZGDP			0.137 192	0.860 8				
ZBOU3×ZGDP					-0.053 175	0.903 3		
ZBOU4×ZGDP							0.102 003	0.860 0
Fixed Effects (Cross) (略)								
R-squared	0.788 859		0.779 813 8		0.778 401		0.779 879	
Prob(F)	0.000 0		0.000 00		0.000 00		0.000 00	
DW stat	1.956 693		1.961 810		1.972 505		1.949 454	

表6.12 对核心资本充足率Y8的面板数据分析结果

解释变量	包含BOU1模型的分析		包含BOU2模型的分析		包含BOU3模型的分析		包含BOU4模型的分析	
	系数	P值	系数	P值	系数	P值	系数	P值
C	3.828 906	0.529 2	19.421 46	0.000 0	19.357 58	0.000 0	19.432 14	0.000 0
BOU1	0.179 297	0.008 6						
ZBOU2			−0.700 780	0.921 0				
ZBOU3					0.998 576	0.808 9		
ZBOU4							3.135 670	0.554 5
ZTA	0.016 822	0.047 7	0.024 347	0.003 8	0.019 478	0.076 1	0.023 943	0.004 0
ZYTA	−0.001 016	0.955 1	0.015 394	0.393 9	0.019 705	0.384 6	0.011 617	0.507 2
CR	−0.206 069	0.000 0	−0.232 092	0.000 0	−0.178 758	0.000 0	−0.231 209	0.000 0
BOU1×ZGDP	0.000 457	0.581 5						
ZBOU2×ZGDP			0.223 959	0.755 8				
ZBOU3×ZGDP					−0.053 175	0.903 3		
ZBOU4×ZGDP							−0.190 735	0.718 2
Fixed Effects(Cross)(略)								
R-squared	0.852 537		0.858 425		0.855 701		0.857 389	
Prob(F)	0.000 0		0.000 00		0.000 00		0.000 00	
DW stat	2.069 713		2.061 249		2.084 197		2.064 295	

两个指标的回归情况也极其相似。

九、对中间业务收入占比 Y9 的面板数据回归分析

根据本章第二节的检验可知,对中间业务收入占比 Y9 的面板回归分析适用于个体固定效应模型,其分析结果见表 6.13。

由表 6.13 可知,以中间业务占比 Y9 为因变量的四个模型的拟合优度均在 94% 以上,各变量显著地进入面板数据模型。银行业官方承诺开放水平的回归系数在 1% 的置信水平下是显著的,银行业官方承诺水平每上升一个单位,中国银行业的中间业务占比同方向变动 0.52 个单位。说明随着银行业官方承诺开放水平的提高,对中间业务的逐步重视使中国银行业的中间业务占比上升。银行业现实的开放水平的回归系数均不显著,虽然相比较而言,外资银行往往具备较高的中间业务占比,但是在中国竞争效应和溢出效应都不明显。而中资银行走出去和东道国本土银行进行竞争,由于金融创新不足,中资银行在业务市场领域竞争中处于劣势,中国银行业打开局面的难度较大,因而业务扩张效应也并不明显。

在模型 1 中,交叉项经济发展变量的系数为正,近似显著(P 值为 0.2388),意味着随着经济的进一步发展,银行业官方承诺开放水平对中间业务收入占比的影响有正向改进效应。在其他三个模型中,交叉项的系数均不显著,意味着银行业现实的开放水平对中间业务占比的影响与经济发展变量相关性不明显。

十、对非利息收入占比 Y10 的面板数据回归分析

根据本章第二节的检验可知,对非利息收入占比 Y10 的面板回归分析适用于个体固定效应模型,其分析结果见表 6.14。

由表 6.14 可知,以非利息收入占比 Y10 为因变量的四个模型的拟合优度均在 90% 以上,各变量显著地进入面板数据模型,DW 值在 2 左右,不存在自相关。银行官方承诺水平的回归系数近似显著(P 值为 0.1857),说明随着银行业官方开放水平的提高,对非利息收入的逐步重视使中国银行业的非利息收入占比上升,这一点和中间业务占比一致。然而,和中间业务收入占比的结果不一致的是度量银行业现实对外开放指标的回归系数是显著的负面影响,意味着银行业现实的开放水平对中国银行业的非利息收入是明显负的显著影响。从前面的计量分析得出银行业开放对盈利指标的正面影响这个结论,而中国银行业的利润包含利息收入和非利息收入,意味着银行业开放对中国银行业利润的影响集中在利息收入方面,在竞争效应和学习

表6.13 对中间业务收入占比 Y9 的面板数据分析结果

解释变量	包含 BOU1 模型的分析		包含 BOU2 模型的分析		包含 BOU3 模型的分析		包含 BOU4 模型的分析	
	系数	P值	系数	P值	系数	P值	系数	P值
C	16.620 40	0.288 6	64.979 46	0.000 0	63.834 74	0.000 0	65.210 31	0.000 0
BOU1	0.521 867	0.002 5						
ZBOU2			−8.502 915	0.674 0				
ZBOU3					−4.908 262	0.665 9		
ZBOU4							−0.934 617	0.949 2
ZTA	−0.079 579	0.011 4	−0.050 434	0.098 9	−0.050 563	0.001 0	−0.051 504	0.092 7
ZYTA	−0.025 599	0.673 7	0.029 182	0.608 1	0.010 643	0.001 0	0.044 992	0.422 7
CR	−0.873 888	0.000 0	−0.996 220	0.000 0	−0.968 440	0.000 3	−1.005 683	0.000 0
BOU1 × ZGDP	0.002 774	0.238 8						
BOU2 × ZGDP			0.634 677	0.761 3				
BOU3 × ZGDP					0.260 277	0.828 8		
ZBOU4 × ZGDP							−0.071 67	0.960 9
Fixed Effects(Cross)(略)								
R-squared	0.951 041		0.948 874		0.948 389		0.948 974	
Prob(F)	0.000 0		0.000 00		0.000 00		0.000 00	
DW stat	1.918 770		1.915 361		1.972 876		1.880 343	

表 6.14 对非利息收入占比 Y10 的面板数据分析结果

解释变量	包含 BOU1 模型的分析		包含 BOU2 模型的分析		包含 BOU3 模型的分析		包含 BOU4 模型的分析	
	系数	P 值	系数	P 值	系数	P 值	系数	P 值
C	44.428 34	0.035 8	75.040 46	0.086 5	72.495 03	0.000 0	74.783 58	0.000 0
BOU1	0.313 351	0.185 7						
ZBOU2			-29.082 84	0.158 8				
ZBOU3					11.099 77	0.311 9		
ZBOU4							-36.293 96	0.022 4
ZTA	-0.042 248	0.217 7	-0.047 726	0.133 4	-0.034 524	0.285 9	-0.048 651	0.130 1
ZYTA	-0.036 746	0.453 2	-0.083 179	0.085 7	-0.129 064	0.020 7	-0.056 264	0.231 4
CR	-0.918 650	0.000 0	-1.078 590	0.000 0	-1.012 753	0.000 0	-1.076 279	0.000 0
BOU1×ZGDP	-0.004 277	0.089 3						
ZBOU2×ZGDP			2.272 733	0.275 6				
ZBOU3×ZGDP					-1.816 612	0.116 1		
ZBOU4×ZGDP							3.147 097	0.045 9
	Fixed Effects(Cross)（略）							
R-squared	0.901 619		0.913 976		0.905 250		0.912 523	
Prob(F)	0.000 0		0.000 00		0.000 00		0.000 00	
DW stat	1.952 378		1.928 546		1.934 193		1.976 069	

效应中,中国银行业更担心存贷款市场份额的失去,银行业开放使中国银行业利息收入上升进而使盈利水平上升,因而对非利息收入占比的影响为负。银行业现实的对内开放的回归系数不显著,反映了中资银行走出去对中资银行非利息收入的影响甚微。

在模型 1 中,交叉项经济发展水平变量的系数是显著的,且系数为负,与银行业现实的对外开放水平的系数相反,意味着随着经济的进一步发展,银行业现实对内开放水平对非利息收入占比的负面影响将会减弱。在模型 2 中,交叉项不显著,说明随着经济的进一步发展,外资银行进入对非利息收入占比影响的变动不明显。然而,在模型 3 中,交叉项为负且显著,意味着中资银行走出去对非利息收入占比的影响受到经济发展变量的制约,即随着经济的发展,银行业现实的对内开放对非利息收入占比的影响由不显著可能变为显著,在中国银行业更注重利息收入的前提下,影响方向也可能发生逆转。在模型 4 中,交叉项是正的且显著,整体来看,随着经济发展的变化,银行业现实的开放水平对非利息收入影响的效应会进一步增强。

十一、对成本收入比 Y11 的面板数据回归分析

根据本章第二节的检验可知,对成本收入比的面板回归分析适用于个体固定效应模型,对资本收益率 Y11 的分析结果见表 6.15。

由表 6.15 可知,以成本收入比 Y11 为因变量的四个模型的拟合优度均在 90% 以上,各变量都显著地进入面板数据模型,DW 值在 2 左右,不存在自相关。在模型 1 中,银行业官方承诺开放水平对成本收入比是负的影响。成本收入比是银行经营效率的逆向指标,对成本收入比具有负面影响,说明中国官方承诺的开放水平使得中国银行业在竞争效应和学习效应下成本费用下降,经营效率上升。然而,银行业现实的对外开放和对内开放水平对成本收入比的影响都是不显著的,意味着银行业现实的对外开放和对内开放水平会促使国内银行增加投资,提高银行的技术水平、管理经验和人力资本,从而增加成本,但是国内银行的效率提高抵消了成本上升压力,所以两者的相关性不强。在模型 4 中,表征银行业现实的开放水平的回归系数接近显著(P 值为 0.158 0),尽管银行业现实的对外开放和对内开放水平都不显著,但是经过组合的数据抵消掉某些冗余因素后,反而对成本收入比呈现正向影响。由于成本收入比为逆向指标,即银行业现实的开放使得中国银行业成本上升,这是因为银行业开放促使国内银行增加投资、更新设备和提高管理经验,加强人员培训,从而提高了银行成本。

表 6.15 对成本收入比 Y11 的面板数据分析结果

解释变量	包含 BOU1 模型的分析		包含 BOU2 模型的分析		包含 BOU3 模型的分析		包含 BOU4 模型的分析	
	系数	P值	系数	P值	系数	P值	系数	P值
C	53.995 99	0.000 0	5.082 127	0.066 5	5.305 377	0.047 9	5.437 487	0.050 8
BOU1	−0.551 685	0.000 1						
ZBOU2			12.080 06	0.407 1				
ZBOU3					0.006 623	0.999 3		
ZBOU4							15.521 18	0.158 0
ZTA	−0.007 392	0.714 3	−0.018 378	0.366 1	−0.020 107	0.323 1	−0.018 653	0.352 5
ZYTA	0.102 624	0.002 8	0.125 621	0.000 9	0.148 796	0.000 3	0.118 233	0.001 1
CR	0.419 241	0.000 0	0.555 565	0.000 0	0.544 685	0.000 0	0.548 367	0.000 0
BOU1×ZGDP	0.003 227	0.033 8						
ZBOU2×ZGDP			−1.074 239	0.466 5				
ZBOU3×ZGDP					0.281 697	0.721 6		
ZBOU4×ZGDP							−1.469 584	0.179 2
Fixed Effects (Cross)（略）								
R-squared	0.919 129		0.908 685		0.910 327		0.909 940	
Prob(F)	0.000 0		0.000 00		0.000 00		0.000 00	
DW stat	1.703 287		1.776 387		1.781 955		1.753 055	

除此之外,成本收入比与银行的总资产规模、银行业市场结构相关,符合经济学理论。当银行业的总资产规模上升时,成本收入比上升,意味着中国银行业处于在达到最佳规模之后的规模不经济状态。银行业的垄断行为越强,成本收入比就越高,原因是垄断滋生超额利润,助长银行业的懒惰情绪。随着中国股份制改革的深化以及银行业开放程度的提高,中国银行业的垄断程度处于下降状态。

在模型1中,交叉项经济发展水平变量的系数为正且显著,银行业官方承诺开放水平对成本收入比的影响受经济发展变量的制约,随着经济发展的演变,对成本收入比的效应会增强。经济发展变量对银行业现实的对内开放效应和银行业现实的对外开放效应都没有影响。在模型4中,交叉项经济发展变量的系数为负数,近似显著(P 值为 0.179 2),即随着中国经济发展水平的提高,银行业现实的开放水平引起中国银行业成本收入比上升的消极影响(即对银行盈利能力的负面影响)将减弱。

十二、对存贷款规模 Y12 的面板数据回归分析

根据本章第二节的检验可知,对存贷款规模 Y12 的面板回归分析适用于个体固定效应模型,其分析结果见表6.16。

由表6.16可知,以存贷款规模 ZY12 为因变量的四个模型的拟合优度均在65%以上,各变量显著地进入面板数据模型。银行业官方承诺开放水平的回归系数是不显著的,意味着银行业官方承诺开放水平对各银行的存贷款规模影响不明显。银行业现实的对内开放水平和银行业现实的对外开放水平的回归系数是显著的,对各银行存贷款规模的影响为负,意味着随着银行业现实的开放水平的提高,尤其是外资银行的进入,存贷款规模的增长率处于下降状态。这和第五章中数理模型的结论一致,当然这并不意味着存贷规模的下降,因为中国属于新兴市场国家,经济增长速度较快,金融自由化进程正在进行中,存款和贷款需求急速增长,而银行业开放后所带来的存贷款资源的争夺促进了金融深化,会引起各银行存贷款规模的增长率下降。银行业现实的对内开放指标的回归系数为正且显著,意味着随着中资银行走出去,中国银行业存贷款规模的增长率处于上升状态。这里的存贷款数据是各个银行的报表数据,其中包含各个银行的境外存贷款数据,说明中资银行的境外扩张一方面使国内存贷款规模增加,另一方面使新的存贷客户范围扩大,也使存贷款规模的增长速度加快。

表 6.16 对存贷款规模 Y12 的面板数据分析结果

解释变量	包含 BOU1 模型的分析		包含 BOU2 模型的分析		包含 BOU3 模型的分析		包含 BOU4 模型的分析	
	系数	P 值	系数	P 值	系数	P 值	系数	P 值
C	-0.137 413	0.455 2	-0.086 687	0.000 2	-0.081 721	0.001 5	-0.095 315	0.000 0
BOU1	0.000 183	0.927 2						
ZBOU2			-0.465 511	0.062 5				
ZBOU3					0.367 239	0.008 2		
ZBOU4							-0.679 428	0.000 1
ZTA	0.003 026	0.000 0	0.002 824	0.000 0	0.002 860	0.000 0	0.002 851	0.000 0
ZYTA	0.003 329	0.000 0	0.002 316	0.001 3	0.001 435	0.079 1	0.002 039	0.002 9
CR	0.005 348	0.000 0	0.002 752	0.000 0	0.003 058	0.000 0	0.003 092	0.000 0
BOU1×ZGDP	-0.000 155	0.000 0						
ZBOU2×ZGDP			0.048 562	0.060 1				
ZBOU3×ZGDP					-0.043 530	0.003 2		
ZBOU4×ZGDP							0.070 870	0.000 1
R-squared	0.729 966		0.673 579		0.688 837		0.698 225	
Prob(F)	0.000 0		0.000 00		0.000 00		0.000 00	
DW stat	1.880 505		1.712 952		1.825 360		1.823 821	

模型1、模型3中的交叉项经济发展水平的系数为负,与银行业开放水平的系数相反,意味着随着经济发展水平的提高,经济增长和金融自由化的速度放缓,从长期来看银行业官方承诺的开放水平和银行业现实的对内开放水平对存贷款规模的正面影响将减弱。模型2和模型4中的交叉项系数为正,意味着随着经济发展水平的提高,银行业现实的对外开放水平对中国银行业存贷款规模增长率的影响将增强。

十三、对银行综合竞争力指标 Y13 的面板数据回归分析

前文对反映银行竞争力的12个子指标进行了面板分析。这里考察银行业开放对银行综合竞争力指标的总体影响。根据本章第二节的检验可知,对银行综合竞争力指标 Y13 的面板回归分析适用于混合模型,其分析结果见表6.17。

由表6.17可知,以银行综合竞争力指标 Y13 为因变量的四个模型的拟合优度均在90%以上,各变量显著地进入面板数据模型。在12个子指标中,不良贷款率、存贷比和成本收入比是银行综合竞争力的逆指标,因而其对银行综合竞争力的影响与回归系数相反。银行业官方承诺开放水平的回归系数为正且在1%的置信水平下是显著的,意味着总体上来讲,银行业官方承诺开放水平对中国银行业的综合竞争力是有正面影响的。原因是银行官方承诺开放水平对资产收益率、资本收益率、拨备覆盖率、资本充足率、核心资本充足率、中间业务占比、非利息收入占比等子指标均有正面影响,对不良贷款率和成本收入比等逆指标均有负面影响。

银行业现实的对外开放水平对中国银行业综合竞争力有明显的正面影响,尽管对流动性比率、非利息收入占比及存贷款规模影响为负。银行业现实的对内开放水平对各银行综合竞争力的影响为正,尽管其对不良贷款率影响为负,然而由于不良贷款率是综合竞争力的逆指标,事实上其对各银行综合竞争力是正面影响。银行业现实的开放水平的回归系数是正的且是显著的,尽管其流动性比率、非利息收入占比及存贷款规模的影响是负向作用,和银行业现实的对外开放水平一致。

在模型1中,交叉项经济发展变量的系数是不显著的,说明经济发展状况与银行业官方承诺开放水平对银行竞争力影响的发挥不相关。在模型2、模型3、模型4中,交叉项经济发展变量的系数均是显著的,且影响因子为负,意味着经济发展状况与银行现实的开放水平对银行竞争力影响的发挥有密切关系。这说明在目前阶段,中国的经济发展仍处于较低的水平,从长期来看,银行业开放有利于中国银行竞争力的提升,增强银行体系的稳定。

第六章 银行业开放对中国银行业竞争力影响的实证分析

表6.17 对银行综合竞争力指标 Y13 的面板数据分析结果

解释变量	包含 BOU1 模型的分析		包含 BOU2 模型的分析		包含 BOU3 模型的分析		包含 BOU4 模型的分析	
	系数	P值	系数	P值	系数	P值	系数	P值
C	0.092 492	0.921 7	3.007 281	0.000 0	3.055 867	0.000 0	3.024 455	0.000 0
BOU1	0.035 376	0.000 8						
ZBOU2			1.210 295	0.130 9				
ZBOU3					0.312 272	0.163 0		
ZBOU4							0.981 466	0.092 3
ZTA	−9.89E−05	0.930 4	0.001 248	0.276 5	0.001 251	0.275 1	0.001 098	0.334 0
ZYTA	−0.004 686	0.023 3	−0.004 398	0.055 2	−0.005 021	0.048 9	−0.004 447	0.044 8
CR	−0.051 733	0.000 0	−0.051 557	0.000 0	−0.052 720	0.000 0	−0.052 067	0.000 0
BOU1×ZGDP	6.79E−05	0.511 9						
BOU2×ZGDP			−0.121 392	0.193 3				
ZBOU3×ZGDP					−0.034 365	0.117 5		
ZBOU4×ZGDP							−0.095 954	0.181 8
R-squared	0.946 491		0.938 069		0.937 983		0.938 309	
Prob(F)	0.000 0		0.000 00		0.000 00		0.000 00	
DW stat	1.642 141		1.677 684		1.691 694		1.661 668	

但由于目前中国的经济发展水平较低,在短期内对银行业开放产生的正面影响形成一定的拖累。

上述结论说明,中国银行业综合竞争力整体处于上升状态,银行业官方承诺开放水平和现实的开放水平均对中国银行业综合竞争力上升做出一定贡献。当然,中国银行业综合竞争力的上升也有其他方面因素的影响。其他方面因素可能如下:

第一,利率管制制度下较高的存贷利差给予中国银行业高于世界普通标准数倍的存贷款差额,这种高存贷差所带来的暴利导致银行业综合竞争力上升。在本著所研究的2002年至2017年间,中国银行业的盈利能力以远高于GDP的增速在增长,盈利能力也远远高于其他行业,并高于国外先进银行,其原因和高额的存贷利差不无关系。中国利率市场化改革还在进行中,银行利率仍然是国家严格监管的官方利率。由于受到行政干预的影响,我国银行业的利差水平大致为2.60%,远远高于发达经济国家大银行的平均利差1.9%。① 利差收入在中国银行业的利润收入来源中占比高达80%,这种高存贷利差水平为中国银行业提供了暴利,有利于中国银行业综合竞争力的提升。

第二,中国银行业,尤其是5家大型国有商业银行通过国家支持下的股份制改革过程大幅提高了资本实力、资产的安全性和盈利能力。从2003年开始,国家启动了银行业全面改革,工行、农行、中行、建行和交行,尤其是四大国有商业银行在国家的大力支持下,经过战略重组、引进战略投资者、公开发行上市等系列改革,其各方面的能力均有提高,说明国有商业银行的股份制改革成效明显。从1999年尤其是2003年开始,国有银行业开始注重风险控制,对四大国有商业银行开始进行不良资产剥离,极大地改善了银行资产质量。2004年和2008年,汇金直接向银行注资控股,极大地提高了中国国有银行的资本充足率,为银行业利润的增长提供了有力支撑。2003年至2013年,商业银行不良贷款率由17.9%下降至0.95%,资本充足率由-3%提高至13.3%。②

第三,中国强劲的经济发展和积极的货币政策使存款和贷款规模扩大,存贷资源的大幅增长使银行综合竞争力提升。近10年来,国民经济平稳较

---

① 梁姗姗.我国商业银行存贷利差与发达国家和地区比较分析[J].华北金融,2010(7).
② 中国人民银行宁波市中心支行会计财务处课题组.我国商业银行利润增长的成因及对实体经济影响研究[J].金融会计,2013(6).

快发展,国民财富迅速增加,随着经济发展和金融生态环境的改善,银行业务范围不断扩大,贷款质量不断改善,盈利能力不断提高。从2009年年初开始,中国政府实施了积极的财政政策和货币政策,实行了大规模的经济刺激政策和重点产业振兴计划,在宽松的货币政策指引下,银行信贷大幅激增。这些都为经营货币的银行提供了非常好的外部资源环境。

第四节 结 论

本章从实证角度探讨中国银行业开放水平对中国银行竞争力的影响,共对13个因变量的52个模型(分析4个银行业开放水平指标对每一个因变量的影响)进行面板数据检验,依据检验结果选择了52个模型进行面板数据分析。实证分析结果显示,52个模型中,模型的拟合优度均较高,表明各变量均能显著地进入面板数据模型。实证分析的主要结论如下:

(1)银行业官方承诺开放水平和银行业现实的开放水平均对中国银行业的盈利能力(衡量指标为资产收益率、资本收益率)产生了显著的正面影响。说明银行业官方承诺开放水平和现实的开放水平促使中国银行业不断改变原有的经营模式,中国各类银行在鲶鱼效应下加快推进银行产权改革,完善法人治理结构,提高金融创新和服务能力,注重盈利水平的提高。

(2)在对中国银行业安全性(衡量指标为不良贷款率和拨备覆盖率)方面,银行业官方承诺开放水平和现实的开放水平对不良贷款率的影响均为负,对拨备覆盖率均产生了显著的正面影响。因而,由于不良贷款率为逆向指标,银行业官方承诺水平和现实的开放水平对银行业的安全性的总体影响为正,提升了中国银行业的稳定性和安全性。

(3)在对中国银行业流动性(衡量指标为存贷比率和流动性比率)方面,银行业官方承诺开放水平对存贷比率产生了显著的正面影响,对流动性比率产生了显著的负面影响。由于存贷比率对中国银行业流动性来讲是逆向指标,因而对存贷比率的正面影响是对银行业流动性状况的负面影响。因而,总体上银行业官方承诺开放水平导致了中国银行业流动性能力的下降。

银行业现实的开放水平对存贷比率产生的影响均不显著,银行业现实的对外开放和对内开放指标对流动性指标产生了显著的负面影响,从而使银行业现实的开放水平对中国银行业的流动性状况的总体影响表现为负,总体上银行业现实的开放水平也导致了中国银行业流动性能力的下降。

(4) 银行业官方承诺开放水平对中国银行业的资本充足率(衡量指标为资本充足率和核心资本充足率)方面是正面影响,说明随着银行业官方承诺开放水平的提高,监管部门对资本充足率的重视促进了资本充足率的上升。

银行业现实的对外开放水平对资本充足率和核心资本充足率的影响均不显著,说明外资银行进入或中资银行走出去与中国银行业的资本充足情况不相关,资本充足率更多是监管部门的要求。

(5) 银行业官方承诺开放水平对中国银行业的创新能力(衡量指标为中间业务占比和非利息收入占比)产生了正面影响,说明随着银行业官方承诺水平的上升,促进中国银行业提高了金融创新和服务能力,进而提高了收入中中间业务占比和非利息收入占比的比重。

银行业现实的开放水平对中间业务占比的影响均不显著,银行业现实的对外开放指标和对内开放指标对非利息收入占比产生了显著的负面影响。意味着银行业开放对中国银行业利润的影响集中在利息收入方面,在竞争效应和学习效应方面,中国银行业更担心存贷款市场份额的失去,银行业开放带来中国银行业利息收入的上升进而带来盈利水平的上升,因而对非利息收入占比的影响为负。说明银行业现实的开放水平对中国银行业的金融创新能力的影响为负面影响。①

(6) 银行业官方承诺开放水平对中国银行业的经营效率变量(衡量指标为成本收入比)产生了显著的负面影响。然而成本收入比指标对银行经营效率来说是逆向指标,因而对成本收入比的负面影响是对银行业经营效率的正面影响,即银行业官方承诺开放水平提高了中国银行业的经营效率。

银行业现实的对外开放水平和对内开放水平对成本收入比的影响不显著,然而银行业现实的对内开放水平却产生了显著的正面影响,对成本收入比的正面影响是对银行业的经营效率的负面影响。说明中国银行业现实的开放促使国内银行增加投资、更新设备和提高管理经验等,也使得中国银行业的成本费用上升。

(7) 银行业官方承诺开放水平对中国银行业的规模变量方面的影响不显著,然而,银行业现实的对内开放水平和对外开放水平对存贷款规模产生

---

① 上文提到中国的高存贷差所带来的暴利导致银行业综合竞争力的上升,这也是中国银行业比较注重存贷的原因之一。

了显著的负面影响。这一点和第五章数理模型的结论一致,当然并不意味着存贷规模的下降,因为中国属于新兴市场国家,经济增长速度较快,金融自由化进程正在进行中,存款和贷款需求急速增长,而银行业开放后所带来的存贷款资源的争夺促进了金融深化,会引起各银行存贷款规模的增长率下降。银行业现实的对内开放指标的回归系数为正且显著,意味着随着中资银行走出去,中国银行业存贷款规模的增长率处于上升状态,说明中资银行的海外扩张一方面使国内存贷款规模增加,另一方面使新的存贷客户范围扩大,也使存贷款规模的增长速度加快。总体来看,银行现实的开放水平使中国银行业存贷款规模的增长率下降。

  整体上来讲,无论银行业官方承诺开放水平还是银行业现实的开放水平均对中国银行业综合竞争力有正面影响。银行业现实的开放水平对中国银行综合竞争力的影响大小依赖于中国的经济发展水平,意味着经济发展状况与银行现实的开放水平对银行竞争力影响的发挥具有密切关系。说明在目前阶段,中国的经济发展仍处于较低水平,从长期来看,银行业开放有利于中国银行竞争力的提升,增强银行体系的稳定。但由于目前中国的经济发展水平较低,在短期内对银行业开放产生的正面影响形成一定的拖累。

第七章 对策建议

通过前文的研究可知，中国官方承诺的银行业开放水平属于"中度开放"状态，然而，中国银行业现实的开放水平相对比较低。中国银行业的综合竞争力总体呈现上升趋势，与国际大银行相比差距在不断缩小并已实现反超。相比较而言，中国国有银行的综合竞争力上升最快，而这部分或多或少有政府的推动。数理模型研究表明在经济发展水平、金融自由化等外生变量固定不变的短期内，在一定假定条件下，外资银行的进入和中资银行的走出去都会给中国本土银行带来竞争效应，引起本土银行存贷款规模和利润的下降。银行业对外开放通过竞争效应和溢出效应作用于银行竞争力，银行业对内开放效应通过学习效应、规模经济效应和市场扩张效应作用于银行竞争力。实证分析表明，银行业官方承诺开放水平和银行业现实的开放水平对中国银行业的综合竞争力均具有正面影响。

当然，在经济全球化不断加深、全球金融一体化的背景下，各国银行业只有加入国际化的金融体系才能实现可持续发展，银行业对外开放和银行业对内开放均是中资银行参与全球金融活动的有效途径。中央政府对此已有清醒认识并予以高度关注，中国当前官方承诺的银行业开放水平在国际上处于"中度开放"水平，对中国银行业综合竞争力已产生积极影响。中国银行业现实的开放水平与国外中度开放国家相比还比较低，但是银行业现实的开放水平对中国银行业的竞争力已经产生正面影响。那么，如何切实发挥银行业开放对中国银行业综合竞争力的正面效应，如何推动银行业合理开放和提升银行综合竞争力是本章要解决的问题。

第一节　发挥银行业对外开放的正面效应

虽然,从目前情况来看,银行业现实的对外开放水平对中国银行业的创新能力、流动性能力和存贷款规模的增长率的影响为负,但是,银行业现实对外开放对中国银行业的盈利能力、安全性(表征指标为不良贷款率和拨备覆盖率)均产生了显著的正面影响,所以,银行业现实的对外开放对中国银行业综合竞争力的影响为正面效应。正如理论和机理分析所述,银行业对外开放是正确的国策和银行业发展的必然路径,那么如何发挥银行业对外开放的正面效应是解决问题的关键。

一、溢出效应的发挥

(一) 深化银行产权改革,完善公司治理结构

由单一国有产权结构所导致的公司治理结构缺陷,是国有商业银行的最大问题,也是国有商业银行运行中主动学习能力不足等问题的制度根源。中国国有部门在金融产业结构升级及优化中的重要作用导致银行业的垄断竞争地位,甚至作为准政府部门的性质存在。即使中国国有银行陆续上市,然而长期以来的习惯仍然存在,市场机制不完善,导致商业银行主动学习的意识和能力不强,面对外国金融机构大规模涌入时,也不会产生学习、模仿甚至改进自身的冲动,国内银行学习能力的丧失本身就破坏了整个溢出效应传导机制的链条。因此,应继续深化产权改革,完善公司治理结构,增强国内银行的自主学习能力,发挥银行业对外开放的溢出效应。

(二) 树立正确的经营理念,建立具有竞争意识的企业文化

在我国国有商业银行中,由于产权主体的"缺位"、委托代理关系的模糊,激励—约束机制的效率一直不高,从而在国有商业银行主导的中国银行业界形成了"惰性"氛围。虽然我国国有商业银行已完成股份制改革,然而从"形似"到"神似"的转变还有个过程。实证分析结果表明,银行业对外开放导致中国银行业的盈利能力下降,成本费用上升,说明跨国银行虽然带来了人才、技术、经验和先进的经营管理理念,但国内银行并没有显著地控制自身的经营管理费用,提高银行经营的效率,说明在当前"惰性"的经营理念下,国内商业银行尚未具备主动学习与效仿的动力和能力。因此,中国国有商业银行上市后,应参照国际银行的经营管理要求,在经营理念、思维方式、

市场竞争意识等方面完成向现代商业银行的转变。中国国内银行要树立以客户为中心的经营理念,只有坚持以客户为中心,才能在市场竞争中有立足之地,才能发挥银行业对外开放的溢出效应。

综上所述,如果说学习的动力更多来自银行业对外开放的深度和广度,那么学习的能力则来自中国银行业自身的建设。长期以来,金融企业的垄断经营地位使本国金融企业没有按照企业的规则运行,没有正确的经营理念,因而主动学习、效仿的能力比较差。因此,必须继续深化产权改革,完善公司治理结构,树立以客户为中心的经营理念,主动学习外资银行先进的技术、经验和经营管理理念,提高中国商业银行的主动学习能力,发挥溢出效应。

二、加强对银行业对外开放的监管,注重安全性和稳定性

前文的实证分析结果显示,银行业现实的对外开放对中国银行业的流动性能力均产生了显著的负面效应,一定程度上影响到国内银行业的稳定性。从保证银行业的安全角度提高银行业竞争力是非常必要的。

(一) 建立并严格遵守外资引进标准

通过建立以资本充足率、资本质量、清偿能力、贷款集中度、外汇风险、表外业务风险和国家风险为主要内容的监管指标体系以及实施综合监管,提高以风险为核心的审慎监管能力。对银行对外开放的监管首先要控制外资银行的进入,吸取世界其他国家引进外资银行的经验,如菲律宾、新加坡等都对引进外资银行的档次、资本金数额有较高要求,对业务范围也有严格限制。因此,中国也同样不能降低标准,坚持宁缺毋滥的原则,引进一些有实力、管理规范的外资银行,最大限度地发挥外资银行对中国经济发展的积极作用,控制负面影响。

(二) 保持恰当的外资银行引进的程度和速度

在竞争效应下,外资银行进入速度过快,使国内银行盈利能力下滑,导致银行有冒更大风险的动机。因此,监管当局应当采取适度引进原则,以降低外资银行大量涌入对中国银行的冲击,加强对中资银行的监控,稳定中资银行的盈利水平,防止中资银行由于盈利能力下降而采取冒险行为,这是监管部门应该重点关注的问题。

(三) 加强对外资银行的监管

外资银行由于一般都是实力雄厚的大型银行,技术成熟,人力资源丰富,一般都开发了许多复杂的金融衍生产品。在对外资银行的监管中,要注

重对金融衍生产品的监管。既不能过多干预和限制,适当支持和鼓励银行业的金融创新,又要加强对金融期货、期权等衍生金融产品的风险监管,在加强管理的前提下放宽管制。此外,中国银监会、中国证监会、中国保监会三个监管部门应就监管分工合作方面的事宜签订备忘录,明确各自在金融监管方面的职责,促进三部门协调配合,避免监管真空或重复监管,提高监管效率。

实证分析显示银行对外开放,尤其是外资银行进入对中国银行业的流动性是负面影响,因而应对外资银行建立引进标准,保持适当的引入外资银行的程度和速度,并要加强对外资银行的监管,以保持中国银行业的流动性。

第二节 发挥银行业对内开放的正面效应

实证分析结果显示:银行业现实的对内开放水平对中国银行业的盈利能力、安全性能力、流动性和市场实力均产生了显著的正面效应,从整体上看,银行业现实的对内开放对中国银行业综合竞争力的影响为正面效应。发挥银行业对内开放的正面效应主要从以下方面入手:

一、学习效应的发挥

(一)建立适合国际竞争环境的境外管理体制

中国主要商业银行脱胎于计划体制的银行,虽然近年来在体制改革方面做了大量工作,但对境外机构的管理方式仍存在多种弊端。比如:中资银行的国内总行对境外机构在绩效考核、权限制定、业务流程和风险控制方面与实际要求具有偏差。此外,中资银行内部缺乏面向境外的内部行政和业务流程,导致办事效率不高、决策速度慢等问题。这导致中资银行境外机构的主动学习能力比较差。因而,应改革境外管理体制,与国际一流银行接轨,建立起适合国际竞争环境的境外管理体制,发挥境外机构的学习效应,最终提升银行业综合竞争力。

(二)建立境外机构的人力激励约束机制

中资银行业的人力资源管理体系与国际一流银行相比还有一定差距,表现为中资银行境外机构在激励约束机制方面的欠缺,一定程度上影响着员工的主动学习能力。对银行业境外机构的人力资源管理体系改革,须从以下方面着手：一是建立竞争性用人机制，形成良性竞争的内部环境；二是完善差异化薪酬分配体系，适当拉开收入差距，打破平均主义；三是加大股权激励措施，调动员工的积极主动性，提升主动学习效应。

二、规模经济效应的发挥

（一）合理引导银行业对内开放

与国际先进银行相比，中国银行业在业务、产品、管理、技术等方面还存在差距。因而，银行业对内开放，尤其是中资银行走出去不能急于求成，盲目发展，不能为"走出去"而走出去。走出去的中资银行应具备雄厚的综合实力，清晰的产权机制，完善的公司治理结构，增强核心竞争力，满足资本充足率、不良贷款率等审慎性指标的要求，同时要有合理的投资策略和信贷管理制度。在做好内功的基础上，选择合适的时机以及合适的市场向外"渗透"，同时在符合自身发展需要的前提下，选择新设机构或境外并购的方式进入境外市场。中国银行通过参股和境外并购进入境外市场的日益增多，境外银行在创新能力、风险控制、经营管理等方面同中国银行有很多互补之处，因而境外并购要全面考虑，收购境外机构后要在财务、经营管理、业务、客户营销等方面实现战略协同效应。准备充分、考虑周到才能发挥银行业对内开放的规模经济效应。

（二）中资银行走向国际市场要与国内总行有效联动

目前中资银行的境内外联动主要表现为国际结算业务的互委代理，以及部分境外机构与总行在部分大客户统一授信业务上的合作。中资银行境外机构在产品、服务和技术等方面获得总行的支持相对不足，在当地竞争中难以发挥集团优势，造成客户资源难以共享，合力难以发挥，常常失去很多很好的业务机会，阻碍业务的发展，规模经济效应无从发挥。这样的联动水平距离真正意义上的联动仍有较大距离。联动的目标是要整合境内外资源，有效提高资源利用效率，在市场上以集团的规模进行资源配置和营销服务，从而发挥规模经济效应，达到扩大市场、降低成本、提高收益的目的。

三、市场扩张效应的发挥

（一）加快业务创新速度

从总体来看，相对于国外的一流银行，中资银行境外机构产品创新显然不足。中资银行境外分行大多业务品种比较单一，中资银行多数境外机构的业务产品和市场仍然囿于传统范围。有的境外机构的业务只限于传统的存汇业务,有的也只是有少量的信贷和国际结算及贸易融资业务,与目前国际先进银行普遍开办的令人眼花缭乱的个人金融业务相比明显落后。这导致境外机构的客户大多限于当地华侨和少数规模较小的中资企业。因而,中资银行境外机构要积极学习并吸取国际先进银行的新技术和新产品,努力开拓新业务领域,发挥市场扩张效应。"走出去"的中资银行机构应利用自身优势,加大业务宣传力度,积极开展与当地中资企业的业务合作,为其提供金融服务,提高市场占有率。

(二) 产品本土化策略

中资银行的多数境外机构并没有进入当地的主流社会,没有成为当地的主流银行,有的没有参加当地的货币清算系统,因此无法承办当地的个人金融业务,各项业务游离于当地主要金融社会之外,主要业务限于当地的华侨、到当地打工的劳务人员和少数中资企业。这种被当地主流金融社会边缘化的现象不利于中国银行业竞争力的提升。而产品本土化是银行境外经营的有力保证,可从两个方面实施产品本土化策略:一方面,立足当地市场,及时了解客户的需求,不断研发出新的适应性银行产品,不断拓展东道国客户市场;另一方面,"走出去"的各中资银行机构应与当地大型金融机构开展业务交流和合作,参与国际间银团贷款项目,为国际金融合作积累经验,拓展业务规模。

(三) 人员本土化策略

境外金融业的人才竞争非常激烈,人才将影响境外分行的长远发展。因而,中资银行的境外机构可以借鉴一些国际先进银行的人才本土化经验,大胆聘用当地适用人才,实施人才本土化,积极拓展本土的客户资源。与本部自派人员相比,东道国人才具有熟悉当地生产经营环境、了解消费者需求、善于与当地政府及相关部门打交道等优势。通过实施人才本土化战略,使企业的各项生产经营活动更好地符合东道国企业行为规范,更快地拓展东道国目标市场,发挥市场扩张效应。

(四) 建立战略合作机制

"走出去"的中资银行机构之间以及与当地金融机构之间也未进行业务合作。正是由于缺少银行间的合作机制,中国工商银行(加拿大)和中国银行(加拿大)对大型公司业务的开展受客户授信集中度约束和信贷规模限制,难以有效扩大业务规模。因而,中资银行"走出去"要实现市场扩展效应,实现跨越式发展,必须积极建立战略合作机制。一是中资银行总行之间应从国家层面建立战略合作机制,签署"走出去"战略合作协议,在资金、人才和技术等方面提供支持。二是"走出去"的各中资银行机构之间也应积极开展业务合作,取长补短,互通有无。各行可以在个人零售业务、贸易融资、项目融资、结算业务、中间业务和新产品推广等方面开展合作,实现共同发展。

第三节 银行业合理开放与提升银行竞争力的对策建议

中国银行业现实的开放水平相对非常低,明显滞后于国内官方的承诺水平,与美国相比,中国银行业现实的对外开放和对内开放均处于比较低的水平。然而,银行业对外开放和对内开放均是中资银行参与全球金融活动的有效途径。因而,在积极发挥银行业开放对银行业竞争力正面效应的同时,还要注重银行业的合理开放和银行业竞争力的自我提升。

一、银行业合理对外开放的建议

应积极而妥当地引进外资银行。中国经济规模庞大,经济发展迅速,客观上要求有较为充足的银行类中介来参与中国的经济建设和发展,但中国目前的银行数量以及银行的业务发展水平还难以完全满足经济迅速增长对于银行中介提出的数量和规模要求,这既源于中国经济快速发展所引发的巨大需求,也是中国过去一直实施严格的银行业准入管制的结果。另外,由于外资银行本身对于国际资金市场的熟悉,在国际市场上可以凭借母行较高的知名度,以及母行的支持等,利用外资银行便利的国际资本流动,为中国的经济发展筹集更多的国际性建设资金。总之,通过恰当地引入外资银行可以有力地补充中国银行业相关金融服务的供给不足,合理利用国际资本的流动。

二、银行业合理对内开放的建议

应关注新兴市场国家。与欧美高度发达的银行业相比,中资银行在一段时间内将难以具备所有权优势,因而银行业对内开放更好的战略是有选择地在新兴市场扩张。同属于新兴市场国家,相似的经济发展水平和技术能力,使中国与发展中国家或新兴国家的"心理距离"更近,更容易获得比较优势。伴随着中国与亚洲、拉丁美洲、非洲等发展中国家经济联系的加深，顾客追随型动因也使得新兴市场对中资银行的吸引力不断加大。再加上新兴市场一般具有较快的经济增长，可以为跨国银行提供获得高额利润的机会，而且新兴经济体因转轨产生的制度变迁，在金融自由化和引资政策方面体现出区位优势来，无不增加了新兴市场对中国企业的吸引力。部分发达国家因银行竞争激烈而导致盈利空间狭小，而在新兴市场中银行盈利空间较大，中资银行更容易获得所有权优势。亚太、拉美、非洲等新兴市场已逐步取代北美、欧洲、日本，成为跨国银行境外拓展的首选目标和重要收入来源地。随着中资银行国际化的不断深入，东道国获利机会应该成为中国银行业的主要决策依据，在新兴市场上更能发挥其比较优势。

三、提升中国银行竞争力的建议

首先，稳步扩大传统信贷业务，增强抵御风险的能力。中国银行业应充分发挥本土企业的优势，准确把握国家相关政策的发展方向，及时调整信贷结构策略。同时优化信贷结构，树立"小客户、大市场""不唯成分，重效益"的观念，使信贷资源流向获利水平高、增长潜力大的贷款对象，稳步扩大传统的信贷业务，加速提升中国银行业的市场实力，提升传统信贷业务的盈利能力。除此之外，中国银行业还要建立内部风险管理体系，强化信用评级体系，严格信贷审批制度，加强信贷流程监管，有效控制信贷风险，加强对不良贷款的监控，缩小不良贷款比例，增强抵御风险的能力。

其次，加快业务创新速度，提升金融创新能力。资产业务、负债业务与中间业务共同构成商业银行业务的三大支柱。中间业务的竞争是商业银行更高层次的竞争。正如前文所论述的，外资银行在金融业务和产品方面始终处于领先地位，外资银行的进入给国内商业银行增加了强劲的竞争对手，但也给国内商业银行提供了学习外资银行先进的管理经验和开办金融新业务的机会。为适应竞争的需要，中国商业银行必须引进外资银行先进的管理经验，紧跟金融新业务、新技术的发展，并结合国情，加大金融业务品种和服务手段的创新力度，提高非利息收入和中间业务收入的比重，提升银行竞争力。

再次，加大成本控制力度，实行低成本战略。经营费用较低的商业银行具有低成本竞争优势，这一点也被前文的数理模型结论所证实，在我国利率管制的背景下，各类银行的成本费用决定着中国银行业市场规模的份额和市场竞争力。银行业对外开放短期内使中国银行业经营效率下降，其根源在于相对于成本费用的增加,盈利能力上升不明显。因而对于银行业竞争力的提升,一方面要加强中国银行业主动学习的能力,发挥溢出效应;另一方面要加大成本控制力度,降低期间费用,提高经营效率,实行低成本战略对中资银行未来的生产和发展越来越重要。

第八章 结论与进一步研究展望

本著采取定量分析的方法,对中国银行业开放水平和中国银行业竞争力进行定量研究和测评,并建立了数理分析模型,对银行业开放影响东道国和母国银行业竞争力的作用进行了剖析,从理论上阐述了银行业对外开放的竞争效应和溢出效应以及银行业对内开放的学习效应、规模经济效应、市场扩张效应。以此为基础,采用面板数据模型,分析银行业开放对中国银行业竞争力的影响,并据此提出对策建议。通过以上研究,本著得出如下结论:

第一,中国银行业官方承诺对外开放自 1979 年以来一直处于上升水平,2007—2017 年第五阶段内,中国官方承诺对外开放水平值为 0.62,在 115 个世贸组织成员国中,中国官方承诺的银行业对外开放在国际上处于中等水平。自 2002 年以来,中国银行业现实的对外开放水平表现为先上升后下降的曲折变化趋势。变动的拐点为 2007 年,银行业开放的背景是国际金融大环境,中国银行业现实的对外开放水平的波动受 2007 年左右美国次贷危机的影响较大。自 2002 年以来,中国银行业现实的对内开放水平表现为先下降后上升的趋势,意味着 2007 年左右美国次贷危机后中国加快了国际化道路的步伐。当然,与美国相比,中国银行业现实的对外开放和对内开放均处于比较低的水平。

第二,无论是从官方承诺视角,还是基于现实法则,中国银行业的对外开放水平均低于对内开放水平,这也是国际普遍现象。中国官方承诺的银行业开放水平属于"中度开放"状态。相比而言,中国银行业现实的开放水平较低,明显滞后于国内官方的承诺水平。

第三,所选的12家样本银行的综合竞争力总体呈现上升趋势。相比较而言,2008年之前和2011年之后样本银行的综合竞争力的波动性比较大,其波动的原因主要是五大国有商业银行在国家支持下进行了股份制改革。2011年之后,面对外部环境变化所带来的诸多挑战,工行、中行、民生和浦发的综合竞争力明显下降,而其他银行因影响竞争力的关键指标改善依旧保持上升势头。另外,无论是五家大型国有商业银行,还是七家全国性中小型股份制银行,普遍存在流动性过剩问题,过高的流动性对中国银行业综合竞争力的提升形成明显的拖累。

第四,横向比较显示:五家大型国有商业银行大多经历了从相对较弱到相对较强的过程,而股份制商业银行则大多呈现从相对较强到相对较弱的变动趋势。《银行家》全球银行排名显示,中国银行业的竞争力与国际大银行相比差距不仅正在缩小,而且已经实现反超,这可能与《银行家》进行全球银行排名时所选择的指标是规模指标有关,也可能与美欧大银行在2008年美国次贷危机冲击下损失惨重有关,当然还有中国银行业综合竞争力上升的原因。

第五,数理模型显示:在一定假定条件下,随着外资银行的不断进入和中资银行不断走出国门,导致中国本土银行(h)、跨国银行(m)和外资银行(f)发放贷款与吸收存款数量的减少以及利润水平的降低。同时,在利率管制制度下,中国本土银行、跨国银行和外资银行的市场份额是由各自的运营成本决定的。比如,跨国银行的市场份额取决于其走出国门后各种效应对存贷成本影响的综合结果,而本土银行的市场份额取决于当与外资银行竞争时各种效应对存贷成本影响的综合结果。理论分析表明,银行业对外开放通过溢出效应和竞争效应对东道国银行竞争力产生影响,银行业对内开放通过学习效应、规模经济效应和市场扩张效应对母国银行竞争力产生影响。

第六,银行业官方承诺开放水平和银行业现实的开放水平促使中国银行业不断改变原有的经营模式,提高金融创新和服务能力,注重盈利水平的提高,对盈利能力产生了显著的正面影响,提高了中国银行业的经营效率。银行业官方承诺开放水平和银行现实的开放水平对中国银行业安全性的总体影响为正,提高了中国银行业的安全性。

第七,银行业官方承诺开放水平和银行业现实的开放水平对中国银行业流动性产生了显著的负面影响,导致中国银行业流动性能力下降。随着银行业官方承诺开放水平的提高,监管部门对资本充足率的重视促进了资本充足率的上升。然而，银行业现实的对外开放水平对资本充足率和核心资本充足率的影响均不显著，说明外资银行进入或中资银行走出去与中国银行业的资本充足情况不相关，资本充足率更多的是监管部门的要求。

第八，随着银行业官方承诺水平的上升，促进中国银行业在中间业务市场上提高金融创新和服务能力，对中间业务占比和非利息收入占比均产生了显著的正面影响。然而，银行业现实的开放水平对中间业务占比的影响均不显著，银行业现实的对外开放指标和对内开放指标对非利息收入占比产生了显著的负面影响。这意味着银行业开放对中国银行业利润的影响集中在利息收入方面，在竞争效应和学习效应方面，中国银行业更在意存贷款市场份额的失去，银行业开放带来中国银行业利息收入的上升进而带来盈利水平的上升，因而对非利息收入占比的影响为负。

第九，银行业官方承诺开放水平提高了中国银行业的经营效率。然而，银行业现实的开放促使国内银行增加投资、更新设备和提高管理经验等，使得中国银行业的成本费用上升，进而使成本收入比上升。

第十，银行业现实的开放对存贷款规模增长率产生了显著的负面影响。尽管中国经济增长速度较快，金融自由化进程正在进行中，存款和贷款需求急速增长，然而银行业开放后所带来的存贷款资源的争夺促进了金融深化，引起各银行存贷款规模的增长率下降。随着中资银行走出去，中国银行业存贷款规模的增长率处于上升状态，说明中资银行的海外扩张一方面带来国内存贷款规模的增加；另一方面，新的存贷客户范围的扩大也使存贷款规模的增长速度加快。

第十一，整体上，无论银行业官方承诺开放水平还是银行业现实的开放水平均对中国银行业综合竞争力有正面影响。银行业现实的开放水平对中国银行综合竞争力影响大小依赖于中国的经济发展水平。这意味着经济发展状况与银行现实的开放水平对银行竞争力影响的发挥来说关系密切。说明在目前阶段，中国的经济发展仍处于较低水平，从长期来看，银行业开放有利于中国银行竞争力的提升，可增强银行体系的稳定。但由于目前中国的经济发展水平较低，在短期内对银行业开放产生的正面影响形成一定的拖累。

中国银行业和银行竞争力牵涉面较广，由此入手可以继续深入挖掘很多有意义的相关问题，值得理论界和实务界继续进行这一领域的相关研究。

第一，对于商业银行的管理能力的测度，由于数据收集的困难和无法具有客观性的原因，本著没有涉及。然而，要真正全面衡量商业银行的竞争力,管理能力无疑是一项重要的测度指标。

第二,按照中国加入 WTO 的要求,2006 年中国银行业全面开放。从国家推动下的国有商业银行股份制改革进程来看,2002—2006 年是股份制改革"父爱"集中期。因而,2006 年前后,银行业开放的幅度和深度不同,对银行业竞争力的影响力度不同,建议后续分两阶段实证分析银行业开放对中国银行业竞争力的影响情况。

第三,从对我国商业银行竞争力的测度来看,五家大型国有商业银行和七家全国性中小股份制商业银行在纵向测度中的波动均有不同,因而其对银行业开放的反应也应该有所不同,限于篇幅原因,本著没有探讨。后续可分析银行业开放对国有商业银行竞争力的影响以及银行业开放对股份制商业银行竞争力的影响,并对其反映程度进行比较。

附 录

附录1 中国银行对外开放的测度值和国际比较

国家或地区	存款	排序	国家或地区	贷款	排序
加纳	1	1	加纳	1	1
肯尼亚	1	1	肯尼亚	1	1
马拉维	1	1	马拉维	1	1
莫桑比克	1	1	莫桑比克	1	1
巴布亚新几内亚	1	1	巴布亚新几内亚	1	1
所罗门群岛	1	1	所罗门群岛	1	1
圭亚那	1	1	圭亚那	1	1
海地	1	1	海地	1	1
巴拿马	1	1	巴拿马	1	1
吉尔吉斯斯坦	1	1	吉尔吉斯斯坦	1	1
格鲁吉亚	1	1	爱沙尼亚	1	1
立陶宛	1	1	格鲁吉亚	1	1
蒙古国	1	1	立陶宛	1	1
汤加	1	1	蒙古国	1	1
乌克兰	1	1	汤加	1	1
黑山共和国	1	1	乌克兰	1	1
安哥拉	0.99	2	黑山共和国	1	1
罗马尼亚	0.99	2	罗马尼亚	0.98	2
爱沙尼亚	0.97	3	以色列	0.88	3
阿根廷	0.88	4	约旦	0.81	4
日本	0.88	4	塞拉利昂	0.81	4
新西兰	0.88	4	津巴布韦	0.81	4

续表

国家或地区	存款	排序	国家或地区	贷款	排序
挪威	0.88	4	捷克	0.81	4
瑞士	0.88	4	瓦努阿图	0.81	4
阿富汗	0.88	4	阿根廷	0.8	5
拉脱维亚	0.88	4	日本	0.8	5
利比里亚	0.88	4	阿富汗	0.8	5
塞舌尔	0.88	4	拉脱维亚	0.8	5
萨摩亚	0.88	4	利比里亚	0.8	5
摩洛哥	0.85	5	塞舌尔	0.8	5
南非	0.85	5	萨摩亚	0.8	5
以色列	0.85	5	新西兰	0.8	5
阿尔巴尼亚	0.85	5	挪威	0.8	5
秘鲁	0.85	5	瑞士	0.8	5
巴拉圭	0.85	5	加拿大	0.8	5
瓦努阿图	0.79	6	香港	0.8	5
塞拉利昂	0.79	6	阿尔巴尼亚	0.8	5
津巴布韦	0.79	6	南非	0.75	6
澳大利亚	0.79	6	巴拉圭	0.75	6
约旦	0.79	6	秘鲁	0.75	6
摩尔多瓦	0.75	7	摩尔多瓦	0.75	6
加拿大	0.67	8	澳大利亚	0.74	7
欧盟	0.67	8	斯洛伐克	0.69	8
冰岛	0.67	8	亚美尼亚	0.64	9
美国	0.67	8	巴林	0.63	10
哈萨克斯坦	0.67	8	斯洛文尼亚	0.63	10
佛得角	0.67	8	柬埔寨	0.63	10
沙特阿拉伯	0.67	8	科特迪瓦	0.63	10
马其顿	0.67	8	中国	0.62	11
也门	0.67	8	也门	0.61	12
莱索托	0.64	9	马其顿	0.61	12
尼日利亚	0.64	9	沙特阿拉伯	0.61	12
塞内加尔	0.64	9	哈萨克斯坦	0.61	12

续表

国家或地区	存款	排序	国家或地区	贷款	排序
土耳其	0.64	9	佛得角	0.61	12
保加利亚	0.64	9	欧盟	0.61	12
捷克	0.64	9	冰岛	0.61	12
波兰	0.64	9	美国	0.61	12
斯洛伐克	0.64	9	新加坡	0.61	12
玻利维亚	0.64	9	莱索托	0.56	13
哥斯达黎加	0.64	9	尼日利亚	0.56	13
中国	0.62	10	塞内加尔	0.56	13
巴林	0.58	11	土耳其	0.56	13
亚美尼亚	0.58	11	保加利亚	0.56	13
贝宁	0.58	11	波兰	0.56	13
柬埔寨	0.55	12	玻利维亚	0.56	13
香港	0.46	13	哥斯达黎加	0.56	13
塔克吉斯坦	0.46	13	马耳他	0.44	14
越南	0.46	13	突尼斯	0.44	14
阿曼	0.46	13	加蓬	0.44	14
斯洛文尼亚	0.43	14	塔克吉斯坦	0.43	15
墨西哥	0.43	14	越南	0.43	15
老挝	0.43	14	阿曼	0.43	15
马耳他	0.36	15	墨西哥	0.38	16
突尼斯	0.36	15	老挝	0.38	16
科特迪瓦	0.35	16	科威特	0.34	17
瑞典	0.24	17	印度尼西亚	0.33	18
芬兰	0.24	17	厄瓜多尔	0.33	18
印度尼西亚	0.24	17	摩洛哥	0.29	19
科威特	0.24	17	冈比亚	0.25	20
澳门	0.24	17	卡塔尔	0.25	20
菲律宾	0.24	17	阿拉伯联合酋长国	0.25	20
厄瓜多尔	0.24	17	澳门	0.24	21
塞浦路斯	0.23	18	菲律宾	0.24	21
埃及	0.21	19	塞浦路斯	0.22	22

续表

国家或地区	存款	排序	国家或地区	贷款	排序
毛里求斯	0.21	19	奥地利	0.21	23
印度	0.21	19	马来西亚	0.2	24
韩国	0.21	19	俄罗斯	0.19	25
尼泊尔	0.21	19	中国台北	0.19	25
巴基斯坦	0.21	19	尼泊尔	0.19	25
俄罗斯	0.21	19	瑞典	0.19	25
中国台北	0.21	19	芬兰	0.19	25
斯里兰卡	0.21	19	埃及	0.19	25
匈牙利	0.21	19	毛里求斯	0.19	25
巴西	0.21	19	印度	0.19	25
智利	0.21	19	韩国	0.19	25
哥伦比亚	0.21	19	巴基斯坦	0.19	25
多米尼加	0.21	19	斯里兰卡	0.19	25
萨尔瓦多	0.21	19	匈牙利	0.19	25
洪都拉斯	0.21	19	巴西	0.19	25
尼加拉瓜	0.21	19	智利	0.19	25
乌拉圭	0.21	19	哥伦比亚	0.19	25
委内瑞拉	0.21	19	多米尼加	0.19	25
冈比亚	0.15	20	萨尔瓦多	0.19	25
卡塔尔	0.15	20	洪都拉斯	0.19	25
阿拉伯联合酋长国	0.15	20	尼加拉瓜	0.19	25
马来西亚	0.12	21	乌拉圭	0.19	25
新加坡	0.12	21	委内瑞拉	0.19	25
奥地利	0.12	21	贝宁	0.19	25
克罗地亚	0.1	22	克罗地亚	0.11	26
泰国	0.09	23	泰国	0.08	27
加蓬	0	24	安哥拉	0.03	28

数据来源：http：//tsdb.wto.org/simplesearch.aspx（世界贸易组织网站）；Aaditya Mattoo. Financial services and the World Trade Organization：liberalization commitments of the developing and transition economies[J]. *The World Economy*, 2000, 23(3)：351-386.

附录 2

工行：解释的总方差（特征根和特征向量、方差贡献率）

成分	初始特征值			提取平方和载入			旋转平方和载入		
	合计	方差/%	累积/%	合计	方差/%	累积/%	合计	方差/%	累积/%
1	8.574	71.453	71.453	8.574	71.453	71.453	5.490	45.746	45.746
2	1.973	16.441	87.894	1.973	16.441	87.894	5.058	42.148	87.894

提取方法：主成分分析。

附录 3

农行：解释的总方差（特征根和特征向量、方差贡献率）

成分	初始特征值			提取平方和载入			旋转平方和载入		
	合计	方差/%	累积/%	合计	方差/%	累积/%	合计	方差/%	累积/%
1	7.824	65.198	65.198	7.824	65.198	65.198	5.838	48.650	48.650
2	2.119	17.659	82.857	2.119	17.659	82.857	2.744	22.867	71.516
3	1.010	8.420	91.277	1.010	8.420	91.277	2.371	19.761	91.277

提取方法：主成分分析。

附录 4

中行：解释的总方差（特征根和特征向量、方差贡献率）

成分	初始特征值			提取平方和载入			旋转平方和载入		
	合计	方差/%	累积/%	合计	方差/%	累积/%	合计	方差/%	累积/%
1	8.525	71.045	71.045	8.525	71.045	71.045	3.958	32.984	32.984
2	1.408	11.737	82.781	1.408	11.737	82.781	3.745	31.206	64.190
3	1.011	8.422	91.204	1.011	8.422	91.204	3.242	27.014	91.204

提取方法：主成分分析。

附录 5

建行：解释的总方差（特征根和特征向量、方差贡献率）

成分	初始特征值			提取平方和载入			旋转平方和载入		
	合计	方差/%	累积/%	合计	方差/%	累积/%	合计	方差/%	累积/%
1	7.089	59.079	59.079	7.089	59.079	59.079	6.002	50.019	50.019
2	2.171	18.088	77.167	2.171	18.088	77.167	2.500	20.834	70.853
3	0.997	8.309	85.476	0.997	8.309	85.476	1.755	14.623	85.476

提取方法：主成分分析。

附录6

交行：解释的总方差（特征根和特征向量、方差贡献率）

成分	初始特征值			提取平方和载入			旋转平方和载入		
	合计	方差/%	累积/%	合计	方差/%	累积/%	合计	方差/%	累积/%
1	8.182	68.187	68.187	8.182	68.187	68.187	6.354	52.952	52.952
2	2.492	20.770	88.957	2.492	20.770	88.957	4.321	36.005	88.957

提取方法：主成分分析。

附录7　中国五家，尤其是四大国有商业银行在国家支持下股份制改革过程简介

1998年，国家动用2 700亿元特别国债充实四大银行资本金。

1999年，国家将四大行及国家开发银行近1.4万亿元不良资产剥离至四家资产管理公司，采取的是账面价值收购方式。

2004年，中国银行和建设银行进行第二次不良资产剥离。不按账面价值转移，由财政部给出适宜价格比例。

2004年，中行和建行股改试点方案确定，国务院动用450亿美元国家外汇储备为其补充资本金。

2004年，中国银行、建设银行分别完成财务重组和股份制改造，成立股份有限公司。

2005年，建行与美洲银行签署战略投资合作协议。这是四大国有银行首次引入海外战略投资者。

2005年，工商银行4 500亿元可疑类贷款分作35个资产包，按逐包报价原则出售。

截至2005年第3季度，四家资产管理公司已累计处置第一次剥离的不良资产7 366.6亿元，处置进度已完成58.71%。

2005年，中国工商银行股份有限公司成立。

2005年，交通银行香港上市。

2006年，中行回归A股，创下当时A股IPO数项记录；工行A+H上市，成为全球最大的IPO。

2007年，交通银行A股上市。

2007年，建设银行回归A股。

2008年,汇金向工行注资150亿美元。

2008年,汇金向农行注资相当于1 300亿元(约200亿美元)等值的外汇资产。

2009年,农行股份有限公司在北京召开创立大会,至此,四大行股改全部完成。

2010年,农行在A股和H股相继挂牌上市。至此,四大国有商业银行均顺利完成上市。

附录8

民生:解释的总方差(特征根和特征向量、方差贡献率)

成分	初始特征值			提取平方和载入			旋转平方和载入		
	合计	方差/%	累积/%	合计	方差/%	累积/%	合计	方差/%	累积/%
1	7.336	61.130	61.130	7.336	61.130	61.130	5.559	46.321	46.321
2	2.717	22.646	83.775	2.717	22.646	83.775	3.550	29.580	75.901
3	0.933	7.775	91.551	0.933	7.775	91.551	1.878	15.650	91.551

提取方法:主成分分析。

招行:解释的总方差(特征根和特征向量、方差贡献率)

成分	初始特征值			提取平方和载入			旋转平方和载入		
	合计	方差/%	累积/%	合计	方差/%	累积/%	合计	方差/%	累积/%
1	6.414	53.451	53.451	6.414	53.451	53.451	5.035	41.962	41.962
2	3.152	26.263	79.714	3.152	26.263	79.714	4.256	35.466	77.429
3	0.901	7.512	87.226	0.901	7.512	87.226	1.176	9.797	87.226

提取方法:主成分分析。

中信:解释的总方差(特征根和特征向量、方差贡献率)

成分	初始特征值			提取平方和载入			旋转平方和载入		
	合计	方差/%	累积/%	合计	方差/%	累积/%	合计	方差/%	累积/%
1	6.415	53.457	53.457	6.415	53.457	53.457	3.949	32.909	32.909
2	2.357	19.639	73.097	2.357	19.639	73.097	3.808	31.736	64.645
3	1.507	12.556	85.653	1.507	12.556	85.653	2.521	21.008	85.653

提取方法:主成分分析。

浦发：解释的总方差（特征根和特征向量、方差贡献率）

成分	初始特征值			提取平方和载入			旋转平方和载入		
	合计	方差/%	累积/%	合计	方差/%	累积/%	合计	方差/%	累积/%
1	6.490	54.083	54.083	6.490	54.083	54.083	6.114	50.948	50.948
2	3.004	25.031	79.113	3.004	25.031	79.113	3.264	27.202	78.150
3	1.422	11.848	90.961	1.422	11.848	90.961	1.537	12.812	90.961

提取方法：主成分分析。

附录9

华夏：解释的总方差（特征根和特征向量、方差贡献率）

成分	初始特征值			提取平方和载入			旋转平方和载入		
	合计	方差/%	累积/%	合计	方差/%	累积/%	合计	方差/%	累积/%
1	8.338	69.486	69.486	8.338	69.486	69.486	5.696	47.466	47.466
2	1.660	13.835	83.321	1.660	13.835	83.321	3.525	29.376	76.841
3	0.976	8.134	91.455	0.976	8.134	91.455	1.754	14.614	91.455

提取方法：主成分分析。

平安：解释的总方差（特征根和特征向量、方差贡献率）

成分	初始特征值			提取平方和载入			旋转平方和载入		
	合计	方差/%	累积/%	合计	方差/%	累积/%	合计	方差/%	累积/%
1	7.621	63.512	63.512	7.621	63.512	63.512	4.482	37.347	37.347
2	2.455	20.458	83.970	2.455	20.458	83.970	3.611	30.090	67.437
3	0.675	5.621	89.591	0.675	5.621	89.591	2.659	22.154	89.591

提取方法：主成分分析。

兴业：解释的总方差（特征根和特征向量、方差贡献率）

成分	初始特征值			提取平方和载入			旋转平方和载入		
	合计	方差/%	累积/%	合计	方差/%	累积/%	合计	方差/%	累积/%
1	6.919	57.662	57.662	6.919	57.662	57.662	5.006	41.715	41.715
2	2.924	24.369	82.030	2.924	24.369	82.030	4.687	39.060	80.776
3	1.121	9.344	91.374	1.121	9.344	91.374	1.272	10.599	91.374

提取方法：主成分分析。

附录10　因变量为资本收益率 Y2 的面板数据模型的 Kao 检验表

ADF（对包含 BOU1 模型的验证）	t-Statistic	Prob.
	-4.200 338	0.000 0
ADF（对包含 BOU2 模型的验证）	t-Statistic	Prob.
	-4.363 238	0.000 0
ADF（对包含 BOU3 模型的验证）	t-Statistic	Prob.
	-4.215 339	0.000 0
ADF（对包含 BOU4 模型的验证）	t-Statistic	Prob.
	-5.378 147	0.000 0

附录11　因变量为不良贷款率 Y3 的面板数据模型的 Kao 检验表

ADF（对包含 BOU1 模型的验证）	t-Statistic	Prob.
	-3.711 594	0.000 1
ADF（对包含 BOU2 模型的验证）	t-t-Statistic	Prob.
	-3.656 041	0.000 1
ADF（对包含 BOU3 模型的验证）	t-Statistic	Prob.
	-3.893 661	0.000 0
ADF（对包含 BOU4 模型的验证）	t-Statistic	Prob.
	-3.828 010	0.000 1

附录12　因变量为拨备覆盖率 $\Delta Y4$ 的面板数据模型的 Kao 检验表

ADF（对包含 BOU1 模型的验证）	t-Statistic	Prob.
	-2.794 860	0.002 6
ADF（对包含 BOU2 模型的验证）	t-Statistic	Prob.
	-3.599 953	0.000 2
ADF（对包含 BOU3 模型的验证）	t-Statistic	Prob.
	-3.966 120	0.000 0
ADF（对包含 BOU4 模型的验证）	t-Statistic	Prob.
	-5.102 921	0.000 0

附录13　因变量为存贷比率 $\Delta Y5$ 的面板数据模型的 Kao 检验表

	t-Statistic	Prob.
ADF(对包含 BOU1 模型的验证)	1.878 178	0.030 2
	t-Statistic	Prob.
ADF(对包含 BOU2 模型的验证)	1.696 229	0.044 9
	t-Statistic	Prob.
ADF(对包含 BOU3 模型的验证)	1.915 231	0.027 7
	t-Statistic	Prob.
ADF(对包含 BOU4 模型的验证)	1.629 669	0.051 6

附录14　因变量为流动性比率 Y6 的面板数据模型的 Kao 检验表

	t-Statistic	Prob.
ADF(对包含 BOU1 模型的验证)	-1.996 727	0.022 9
	t-Statistic	Prob.
ADF(对包含 BOU2 模型的验证)	-2.642 962	0.004 1
	t-Statistic	Prob.
ADF(对包含 BOU3 模型的验证)	-2.726 604	0.003 2
	t-Statistic	Prob.
ADF(对包含 BOU4 模型的验证)	-2.879 094	0.002 0

附录15　因变量为资本充足率 Y7 的面板数据模型的 Kao 检验表

	t-Statistic	Prob.
ADF(对包含 BOU1 模型的验证)	0.980 168	0.134 7
	t-Statistic	Prob.
ADF(对包含 BOU2 模型的验证)	1.681 738	0.046 3
	t-Statistic	Prob.
ADF(对包含 BOU3 模型的验证)	1.447 068	0.073 9
	t-Statistic	Prob.
ADF(对包含 BOU4 模型的验证)	1.704 948	0.044 1

附录 16　因变量为核心资本充足率 Y8 的面板数据模型的 Kao 检验表

	t-Statistic	Prob.
ADF(对包含 BOU1 模型的验证)	1.128 502	0.129 6
ADF(对包含 BOU2 模型的验证)	2.011 047	0.022 2
ADF(对包含 BOU3 模型的验证)	1.693 458	0.045 2
ADF(对包含 BOU4 模型的验证)	2.018 474	0.021 8

附录 17　因变量为中间业务收入占比 $\Delta Y9$ 的面板数据模型的 Kao 检验表

	t-Statistic	Prob.
ADF(对包含 BOU1 模型的验证)	-2.505 170	0.006 1
ADF(对包含 BOU2 模型的验证)	-2.060 510	0.019 7
ADF(对包含 BOU3 模型的验证)	-1.989 81	0.023 4
ADF(对包含 BOU4 模型的验证)	-2.062 916	0.019 6

附录 18　因变量为非利息收入占比 $\Delta Y10$ 的面板数据模型的 Kao 检验表

	t-Statistic	Prob.
ADF(对包含 BOU1 模型的验证)	-2.638 842	0.004 2
ADF(对包含 BOU2 模型的验证)	-3.860 921	0.000 1
ADF(对包含 BOU3 模型的验证)	-4.829 978	0.000 0
ADF(对包含 BOU4 模型的验证)	-4.248 366	0.000 0

附录 19　因变量为成本收入比 Y11 的面板数据模型的 Kao 检验表

	t-Statistic	Prob.
ADF(对包含 BOU1 模型的验证)	−6.153 369	0.000 0
	t-Statistic	Prob.
ADF(对包含 BOU2 模型的验证)	−6.432 617	0.000 0
	t-Statistic	Prob.
ADF(对包含 BOU3 模型的验证)	−6.338 027	0.000 0
	t-Statistic	Prob.
ADF(对包含 BOU4 模型的验证)	−6.619 399	0.000 0

附录 20　因变量为存贷款规模 ΔY12 的面板数据模型的 Kao 检验表

	t-Statistic	Prob.
ADF(对包含 BOU1 模型的验证)	−3.786 868	0.000 1
	t-Statistic	Prob.
ADF(对包含 BOU2 模型的验证)	−3.384 754	0.000 4
	t-Statistic	Prob.
ADF(对包含 BOU3 模型的验证)	−3.747 385	0.000 1
	t-Statistic	Prob.
ADF(对包含 BOU4 模型的验证)	−3.449 229	0.000 3

附录 21　因变量为银行综合竞争力 ΔY13 的面板数据模型的 Kao 检验表

	t-Statistic	Prob.
ADF(对包含 BOU1 模型的验证)	−1.278 117	0.100 6
	t-Statistic	Prob.
ADF(对包含 BOU2 模型的验证)	−1.724 444	0.042 3
	t-Statistic	Prob.
ADF(对包含 BOU3 模型的验证)	−2.674 626	0.003 7
	t-Statistic	Prob.
ADF(对包含 BOU4 模型的验证)	−1.699 049	0.044 7

附录22 因变量为资本收益率 Y2 的面板数据模型的冗余固定效应检验结果

Effects Test（对包含 BOU1 模型的验证）	Statistic	d.f.	Prob.
Cross-section F	7.200799	(11,151)	0.0000
Cross-section Chi-square	70.846751	11	0.0000
Effects Test（对包含 BOU2 模型的验证）	Statistic	d.f.	Prob.
Cross-section F	7.422018	(11,151)	0.0000
Cross-section Chi-square	72.613267	11	0.0000
Effects Test（对包含 BOU3 模型的验证）	Statistic	d.f.	Prob.
Cross-section F	6.457067	(11,151)	0.0000
Cross-section Chi-square	64.767772	11	0.0000
Effects Test（对包含 BOU4 模型的验证）	Statistic	d.f.	Prob.
Cross-section F	7.519806	(11,151)	0.0000
Cross-section Chi-square	73.388255	11	0.0000

附录23 因变量为不良贷款率 Y3 的面板数据模型的冗余固定效应检验结果

Effects Test（对包含 BOU1 模型的验证）	Statistic	d.f.	Prob.
Cross-section F	7.234757	(11,151)	0.0000
Cross-section Chi-square	71.119129	11	0.0000
Effects Test（对包含 BOU2 模型的验证）	Statistic	d.f.	Prob.
Cross-section F	8.164154	(11,151)	0.0000
Cross-section Chi-square	78.407367	11	0.0000
Effects Test（对包含 BOU3 模型的验证）	Statistic	d.f.	Prob.
Cross-section F	7.847832	(11,151)	0.0000
Cross-section Chi-square	75.962131	11	0.0000
Effects Test（对包含 BOU4 模型的验证）	Statistic	d.f.	Prob.
Cross-section F	7.691140	(11,151)	0.0000
Cross-section Chi-square	74.737555	11	0.0000

附录24 因变量为拨备覆盖率 Y4 的面板数据模型的冗余固定效应检验结果

Effects Test（对包含 BOU1 模型的验证）	Statistic	d.f.	Prob.
Cross-section F	4.004 316	(11,151)	0.000 0
Cross-section Chi-square	43.001 807	11	0.000 0
Effects Test（对包含 BOU2 模型的验证）	Statistic	d.f.	Prob.
Cross-section F	6.557 636	(11,151)	0.000 0
Cross-section Chi-square	65.603760	11	0.0000
Effects Test（对包含 BOU3 模型的验证）	Statistic	d.f.	Prob.
Cross-section F	5.328 379	(11,151)	0.000 0
Cross-section Chi-square	55.100 497	11	0.000 0
Effects Test（对包含 BOU4 模型的验证）	Statistic	d.f.	Prob.
Cross-section F	5.811 661	(11,151)	0.000 0
Cross-section Chi-square	59.308121	11	0.0000

附录25 因变量为存贷比率 Y5 的面板数据模型的冗余固定效应检验结果

Effects Test（对包含 BOU1 模型的验证）	Statistic	d.f.	Prob.
Cross-section F	7.162 651	(11,151)	0.000 0
Cross-section Chi-square	70.540 235	11	0.000 0
Effects Test（对包含 BOU2 模型的验证）	Statistic	d.f.	Prob.
Cross-section F	7.142 518	(11,151)	0.000 0
Cross-section Chi-square	70.378 248	11	0.000 0
Effects Test（对包含 BOU3 模型的验证）	Statistic	d.f.	Prob.
Cross-section F	7.148 491	(11,151)	0.000 0
Cross-section Chi-square	70.426 321	11	0.000 0
Effects Test（对包含 BOU4 模型的验证）	Statistic	d.f.	Prob.
Cross-section F	7.162 218	(11,151)	0.000 0
Cross-section Chi-square	70.536 751	11	0.000 0

附录26 因变量为流动性比率Y6的面板数据模型的冗余固定效应检验结果

Effects Test(对包含BOU1模型的验证)	Statistic	d.f.	Prob.
Cross-section F	5.098 728	(11,151)	0.000 0
Cross-section Chi-square	53.063 531	11	0.000 0
Effects Test(对包含BOU2模型的验证)	Statistic	d.f.	Prob.
Cross-section F	4.882 517	(11,151)	0.000 0
Cross-section Chi-square	51.122 937	11	0.000 0
Effects Test(对包含BOU3模型的验证)	Statistic	d.f.	Prob.
Cross-section F	4.797 374	(11,151)	0.000 0
Cross-section Chi-square	50.352 548	11	0.000 0
Effects Test(对包含BOU4模型的验证)	Statistic	d.f.	Prob.
Cross-section F	4.915 607	(11,151)	0.000 0
Cross-section Chi-square	51.421 393	11	0.000 0

附录27 因变量为资本充足率Y7的面板数据模型的冗余固定效应检验结果

Effects Test(对包含BOU1模型的验证)	Statistic	d.f.	Prob.
Cross-section F	5.408 324	(11,151)	0.000 0
Cross-section Chi-square	55.803 840	11	0.000 0
Effects Test(对包含BOU2模型的验证)	Statistic	d.f.	Prob.
Cross-section F	5.398 908	(11,151)	0.000 0
Cross-section Chi-square	55.721 156	11	0.000 0
Effects Test(对包含BOU3模型的验证)	Statistic	d.f.	Prob.
Cross-section F	5.390 451	(11,151)	0.000 0
Cross-section Chi-square	55.646 857	11	0.000 0
Effects Test(对包含BOU4模型的验证)	Statistic	d.f.	Prob.
Cross-section F	5.369 228	(11,151)	0.000 0
Cross-section Chi-square	55.460 250	11	0.000 0

附录28　因变量为核心资本充足率 Y8 的面板数据模型的冗余固定效应检验结果

Effects Test(对包含 BOU1 模型的验证)	Statistic	d.f.	Prob.
Cross-section F	5.373 865	(11,151)	0.000 0
Cross-section Chi-square	55.501 036	11	0.000 0
Effects Test(对包含 BOU2 模型的验证)	Statistic	d.f.	Prob.
Cross-section F	5.302 824	(11,151)	0.000 0
Cross-section Chi-square	54.875 053	11	0.000 0
Effects Test(对包含 BOU3 模型的验证)	Statistic	d.f.	Prob.
Cross-section F	5.332 450	(11,151)	0.000 0
Cross-section Chi-square	55.136 387	11	0.000 0
Effects Test(对包含 BOU4 模型的验证)	Statistic	d.f.	Prob.
Cross-section F	5.303 498	(11,151)	0.000 0
Cross-section Chi-square	54.881 002	11	0.000 0

附录29　因变量为中间业务收入占比 Y9 的面板数据模型的冗余固定效应检验结果

Effects Test(对包含 BOU1 模型的验证)	Statistic	d.f.	Prob.
Cross-section F	5.642 961	(11,151)	0.000 0
Cross-section Chi-square	57.851 300	11	0.000 0
Effects Test(对包含 BOU2 模型的验证)	Statistic	d.f.	Prob.
Cross-section F	5.237 520	(11,151)	0.000 0
Cross-section Chi-square	54.297 543	11	0.000 0
Effects Test(对包含 BOU3 模型的验证)	Statistic	d.f.	Prob.
Cross-section F	5.369 114	(11,151)	0.000 0
Cross-section Chi-square	55.459246	11	0.0000
Effects Test(对包含 BOU4 模型的验证)	Statistic	d.f.	Prob.
Cross-section F	5.315 254	(11,151)	0.000 0
Cross-section Chi-square	54.984 748	11	0.000 0

附录30　因变量为非利息收入占比 Y10 的面板数据模型的冗余固定效应检验结果

Effects Test(对包含 BOU1 模型的验证)	Statistic	d.f.	Prob.
Cross-section F	8.913 152	(11,151)	0.000 0
Cross-section Chi-square	84.059 208	11	0.0000
Effects Test(对包含 BOU2 模型的验证)	Statistic	d.f.	Prob.
Cross-section F	8.767 489	(11,151)	0.000 0
Cross-section Chi-square	82.974 847	11	0.000 0
Effects Test(对包含 BOU3 模型的验证)	Statistic	d.f.	Prob.
Cross-section F	8.642 826	(11,151)	0.000 0
Cross-section Chi-square	82.041 222	11	0.000 0
Effects Test(对包含 BOU4 模型的验证)	Statistic	d.f.	Prob.
Cross-section F	9.015 745	(11,151)	0.000 0
Cross-section Chi-square	84.818 768	11	0.000 0

附录31　因变量成本收入比 Y11 的面板数据模型的冗余固定效应检验结果

Effects Test(对包含 BOU1 模型的验证)	Statistic	d.f.	Prob.
Cross-section F	19.210 332	(11,151)	0.000 0
Cross-section Chi-square	147.038 713	11	0.000 0
Effects Test(对包含 BOU2 模型的验证)	Statistic	d.f.	Prob.
Cross-section F	16.981 208	(11,151)	0.000 0
Cross-section Chi-square	135.265 920	11	0.000 0
Effects Test(对包含 BOU3 模型的验证)	Statistic	d.f.	Prob.
Cross-section F	17.302 409	(11,151)	0.000 0
Cross-section Chi-square	137.014 021	11	0.000 0
Effects Test(对包含 BOU4 模型的验证)	Statistic	d.f.	Prob.
Cross-section F	17.176 977	(11,151)	0.000 0
Cross-section Chi-square	136.333 538	11	0.000 0

附录32 因变量为存贷款规模 ZY12 的面板数据模型的冗余固定效应检验结果

Effects Test(对包含 BOU1 模型的验证)	Statistic	d.f.	Prob.
Cross-section F	2.563 727	(11,151)	0.005 3
Cross-section Chi-square	28.766 347	11	0.002 5
Effects Test(对包含 BOU2 模型的验证)	Statistic	d.f.	Prob.
Cross-section F	2.095 972	(11,151)	0.023 7
Cross-section Chi-square	23.872 038	11	0.013 3
Effects Test(对包含 BOU3 模型的验证)	Statistic	d.f.	Prob.
Cross-section F	2.359 701	(11,151)	0.010 2
Cross-section Chi-square	26.649 050	11	0.005 2
Effects Test(对包含 BOU4 模型的验证)	Statistic	d.f.	Prob.
Cross-section F	2.501 377	(11,151)	0.006 5
Cross-section Chi-square	28.122 123	11	0.003 1

附录33 因变量为银行综合竞争力指标 Y13 的面板数据模型的冗余固定效应检验结果

Effects Test(对包含 BOU1 模型的验证)	Statistic	d.f.	Prob.
Cross-section F	0.115 131	(11,151)	0.999 8
Cross-section Chi-square	1.403 142	11	0.999 7
Effects Test(对包含 BOU2 模型的验证)	Statistic	d.f.	Prob.
Cross-section F	0.179 749	(11,151)	0.999 0
Cross-section Chi-square	2.185 563	11	0.998 3
Effects Test(对包含 BOU3 模型的验证)	Statistic	d.f.	Prob.
Cross-section F	0.138 198	(11,151)	0.999 5
Cross-section Chi-square	1.682 870	11	0.999 3
Effects Test(对包含 BOU4 模型的验证)	Statistic	d.f.	Prob.
Cross-section F	0.159 243	(11,151)	0.999 7
Cross-section Chi-square	2.023 627	11	0.999 6

参考文献

[1] Aaditya Mattoo. Financial services and the World Trade Organization: liberalization commitments of the developing and transition economies[J]. *The World Economy*, 2000, 23(3):351-386.

[2] Adolfo Barajas, Roberto Steiner and Natalia Salazar. The impact of liberalization and foreign investment in Columbia's financial sector[J]. *Journal of Development Economics*, 2000, 63(1): 157-196.

[3] Asli Demirguc-Kunt and Enrica Detragiache. Financial liberalization and financial fragility[R]. *IMF Working Paper*, No. 1917, 1998.

[4] Barry Williams. The defensive expansion approach to multinational banking: evidence to date[J]. *Financial Markets, Institutions and Instruments*, 2002, 11(2): 127-203.

[5] Cevdet Denizer. Foreign entry in Turkey's banking sector 1980-1997[R]. *The World Bank Policy Research Working Paper*, No. 2462, 2000.

[6] Claudia M. Buch and Alexander Lipponer. Clustering or competition? The foreign investment behavior of German banks[J]. *International Journal of Central Banking*, 2006, 2(2): 135-168.

[7] Claudia M. Buch and Gayle DeLong. Cross-border bank mergers: what lures the rare animal[J]. *Journal of Banking & Finance*, 2004, 28(9): 2077-2102.

[8] Daniel E. Nolle and Rama Seth. Do banks follow their customer abroad? [J]. *Financial Markets, Institutions and Instruments*, 1998, 7(4): 1-25.

[9] Dario Focarell and Alberto Franco Pozzolo. The determinants of cross-border bank shareholdings: an analysis with bank-level data from OECD countries[R]. *BANCA D'ITALIA Working Paper*, No. 381, 2000.

[10] Donald Mathieson and Jorge Roldos. The role of foreign banks in emerging markets[A]. *Open Doors: Foreign Participation in Financial Systems in Developing Countries*[C]. Washington, D. C. : Brookings Institution Press, 2001: 15 – 55.

[11] Franklin Allen and Douglas Gale. Competition and financial stability [J]. *Journal of Money, Credit and Banking*, 2004, 36(3): 453 – 480.

[12] Giacomo Calzolari and Gyongyi Loranth. Regulation of multinational banks: a theoretical inquiry[R]. *ECB Working Paper*, No. 431, 2005.

[13] Gabriella Montinola and Ramon Moreno. The political economy of foreign bank entry and its impacts: theory and a case study[R]. *Pacific Basin Working Paper*, No. PB01 – 11, 2001.

[14] H. Semish Yildirin and George C. Pllilippatos. Restructuring, consolidation and competition in Latin American banking market[J]. *Journal of Banking & Finance*, 2007, 31(3): 629 – 639.

[15] Heather Montgomery. The role of foreign banks in post-crisis Asia: the importance of method of entry[R]. *ADB Institute Research Paper*, No. 51, 2003.

[16] Iftekhar Hansan and Katherin Marton. Development and efficiency of the banking sector in a transitional economy: Hungarian experience[J]. *Journal of Banking & Finance*, 2003, 27(12): 2249 – 2271.

[17] Janek Uiboupin. Short-term effects of foreign bank entry on bank performance in selected CEE countries[R]. *Bank of Estonia Work Papers*, No. 4, 2005.

[18] John Bonin, Iftekhar Hansan and Paul Wachtel. Privatization matters: bank efficiency in transition countries [R]. *William Davidson Institute Working Paper*, No. 697, 2004.

[19] Joseph E. Stiglitz, Jaime Jaramillo-Vallejo and Yung Chal Park. The role of the state in financial markets[J]. *The World Bank Economic Review*, 1993, 7(1): 19 – 52.

[20] Kindleberger C. *The Formation of Financial Centers: A Study in Comparative Economic History* [M]. Princeton, NJ: Princeton University Press, 1974.

[21] L. Engwall and M. Wallenstal. Tit for tat in small steps: the internationalization of Swedish banks[J]. *Scandinavian Journal of Management*,

1988,4(3/4):147-155.

[22] M. Ayhan Kose et al. Financial, globalization: a reappraisal[R]. *NBER Working Paper*, No. 12484,2006.

[23] Maria Soledad, Martinez Peria and Ashoka Mody. How foreign participation and market concentration impact bank spreads: evidence from Latin America[J]. *Journal of Money,Credit and Banking*, 36(3):511-537.

[24] Menzie D. Chinn and Hiro Ito. A new measure of financial openness [J]. *Journal of Comparative Policy Analysis*,2008, 10(3):309-322.

[25] Niels Hermes and Robert Lensink. Foreign bank presence, domestic bank performance and financial development[J]. *Journal of Emerging Market Finance*,2004, 3(2):207-229.

[26] Nihal Bayraktar and Yan Wang. Foreign bank entry, performance of domestic banks, and sequence of financial liberalization[R]. *The World Bank Policy Research Working Paper*, No.3416, 2004.

[27] Nihal Bayraktar and Yan Wang. Banking sector openness and economic growth [R]. *World Bank Policy Research Working Paper*, No. 4019,2006.

[28] Pontines,V. The role of the General Agreementon Trade in Services (GATS)-Financial Services Agreement(FSA)in the financial liberalization efforts of APEC economies[R]. *Philippine APEC Study Center Network ((PASCN) Discussion Paper*,No. 2002-03,2002.

[29] Rainer Haselmann. Strategies of foreign banks in transition economies [J]. *Emerging Markets Review*, 2006:7(4):283-299.

[30] Robert DeYoun and Daniel E. Nolle. Foreign-owned banks in the U. S.: earning market share or buying it? [J]. *Journal of Money, Credit and Banking*,1996, 28(4):622-636.

[31] Robert Lensink and Niels Hermes. The short-term effects of foreign bank entry on domestic bank behaviour: does economic development matter? [J]. *Journal of Banking & Finance*,2004, 28(3):553-568.

[32] Robert Z. Aliber. Towards a theory of international banking[J]. *Economic Review*, 1976, spring:5-8.

[33] Robert Z. Aliber. International banking: a survey[J]. *Journal of Money,Credit and Banking*, 1984, 16(4):661-678.

[34] Ross Levine. *Foreign Banks, Financial Development and Economic Growth*[M]. Washington D. C. : AEI Press,1996.

[35] Ross Levine. International financial liberalization and economic growth[J]. *Review of International Economics*,2001:9(4),688-702.

[36] Ross Levine. Denying foreign bank entry: implications for bank interest margins[A]. *Bank Market Structure and Monetary Policy*[C]. Banco Central de Chile, 2004: 271-292.

[37] Rudi Vander Vermet. Cross-border mergers in European banking and bank efficiency[R]. *UNIVERSITEIT GENT Working Paper*,No.02/152,2002.

[38] Stijn Claessens,Asli Demirguc-Kunt and Harry Huizinga. How does foreign entry affect domestic banking markets[J]. *Journal of Banking & Finance*,2001, 25(5): 891-911.

[39] Stijn Claessens. Competitive implications of cross-border banking [R]. *World Bank Policy Research Working Paper*, No.3854,2006.

[40] Thorsten Beck, Asli Demirgüc-Kunt and Ross Levine. Financial institutions and markets across countries and over time-data and analysis[R]. *World Bank Policy Research Working Paper*, No. 4943,2009.

[41] William R. Clark et al. Measures of financial openness and interdependence[J]. *Journal of Financial Economic Policy*,2012, 4(1): 58-75.

[42] Ying Shi and Yanjuan Chen. The comparison of opening up in banking industry between US and China[J]. *International Journal of Business and Management*,2009, 4(7): 160-164.

[43] 罗纳德·I.麦金农.经济发展中的货币与资本[M].上海三联书店,1988.

[44] 刘明康.中国银行业改革开放30年(1978—2008)[M].北京:中国金融出版社,2010.

[45] 中国建设银行研究部专题组.中国商业银行发展报告(2010)[M].北京:中国金融出版社,2010.

[46] 董青马.开放条件下银行系统性风险生成机制研究[M].北京:中国金融出版社,2010.

[47] 黄宪,赵征.开放条件下中国银行业的控制力与国家金融安全[M].北京:中国金融出版社,2009.

[48] 郭研.金融开放背景下我国银行国际竞争力问题研究[M].经济科

学出版社,2008.

[49] 王聪.中国商业银行的效率与竞争力[M].中国金融出版社,2009.

[50] 王松奇.金融蓝皮书：中国商业银行竞争力报告(2011—2012)[M].社会科学文献出版社,2012.

[51] 郭妍,张立光.外资银行进入对中国银行业影响效应的实证研究[J].经济科学,2005(2).

[52] 迟国泰,郑杏果,杨中原.基于主成分分析的国有商业银行竞争力评价研究[J].管理学报,2009(2).

[53] 陈浪南,逢淑梅.我国金融开放的测度研究[J].经济学家,2012(6).

[54] 课题组.国外银行业对外开放的实践与经验借鉴[J],西安金融,2007(1).

[55] 孔艳杰.中国银行业对外开放水平测评及理性开放策略研究[J].国际金融研究,2009(3).

[56] 樊纲.要重视发挥"现实竞争力"[J].经贸导刊,2001(11).

[57] 符江萍.全面开放中外资银行竞争力比较分析[D].厦门大学,2007.

[58] 侯钦.外资银行进入对我国银行业经营效率影响的实证分析[D].山西财经大学,2012.

[59] 黄德春,张长征,徐艳.跨国并购能推动中国商业银行经营效率改善吗？——来自中国四家商业银行2000—2008年跨国并购的考证[J].投资研究,2012(2).

[60] 黄宪,熊福平.外资银行进入对我国银行业影响的实证研究[J].国际金融研究,2006(5).

[61] 贾秋然.金融开放测度方法与指标体系述评[J].经济评论,2011(3).

[62] 金碚.何为企业竞争力[J].传媒,2004(6).

[63] 焦瑾璞.激发商业银行的竞争力必须进行制度创新[J].中国金融半月刊,2003(7).

[64] 李慧珍.外资银行进入对东道国银行业影响的文献综述[J].中国集体经济,2009(10).

[65] 李伟杰.始于大国还是始于邻国——中国商业银行跨国经营战略分析[J].浙江金融,2008(1).

[66] 李晓峰,王维,严佳佳.外资银行进入对中国银行效率影响的实证

分析[J].财经科学,2006(8).

[67] 李元旭,黄岩,张向.中国国有商业银行与外资银行竞争力比较研究[J].金融研究,2000(3).

[68] 吕政,曹建海.竞争总是有效率的吗?——兼论过度竞争的理论基础[J].中国社会科学,2000(6).

[69] 梁慧贤,等.中国大型商业银行跨国并购及其效率影响[J].金融论坛,2011(12).

[70] 陆磊.外资入股中资商业银行:银行治理与国家金融安全[J].武汉金融,2006(1).

[71] 陆跃祥,曹永栋.中国城市商业银行竞争力分析[J].统计研究,2011(9).

[72] 毛捷,李冠一,金雪军.外资潜在进入的竞争效应分析:来自中国银行业对外开放的经验数据[J].世界经济,2009(7).

[73] 乔桂明,黄黎燕.中国商业银行外资参股效应再研究——基于DEA模型的银行稳定性分析[J].财经研究,2011(7).

[74] 邱立成,王凤丽.外资银行进入对东道国银行体系稳定性影响的实证研究[J].南开经济研究,2010(4).

[75] 宋翠玲.信贷非均衡行为的负外部性及成因分析——简论国有商业银行负外部性的体制诱因[J].西安财经学院学报,2004(6).

[76] 宋翠玲.银行挤兑模型、外部性与对策取向[J].华东经济管理,2007(12).

[77] 沈凤武,娄伶俐,顾秋霞.金融开放及其测度方法述评[J].金融理论与实践,2012(7).

[78] 王昌盛.上市银行竞争力评价指标体系研究[D].北京交通大学,2010.

[79] 王国红,何德旭.外资银行进入中国市场的竞争效应研究[J].财经问题研究,2010(7).

[80] 王伟.中国商业银行开放程度及评价体系[J].世界经济研究,2006(6).

[81] 汪建,吴英蕴.当代银行国际化经营的理论动机[J].上海经济研究,2000(7).

[82] 谢杰斌,赵毓婷.中国银行业如何应对外资银行的进入[J].财经科学,2007(10).

[83] 谢升峰,李慧珍.外资银行进入对国内银行业盈利能力的影响——基于面板数据的实证分析[J].经济学动态,2009(11).

[84] 徐沙.中国商业银行开放水平对其绩效的影响研究[D].江西财经大学,2009.

[85] 薛峰.中国银行业竞争度问题研究[D].东北财经大学,2011.

[86] 易定,陈雯.稳中求进:倒计时阶段银行业改革的路径选择[J].财经科学,2006(2).

[87] 易宪容,李薇.外资银行在华业务发展[J].西部论丛,2004(5).

[88] 姚余栋,刘肯.大型银行走出去与人民币跨境使用[J].中国金融,2012(7).

[89] 杨丽华.基于学习效应的中资银行国际化行为研究[D].湖南大学.

[90] 于良春,鲁志勇.中国银行业竞争力评价指标研究[J].山东大学学报,2003(1).

[91] 叶欣,冯宗宪.外资银行进入对本国银行体系的稳定性的影响[J].世界经济,2004(1).

[92] 叶欣.外资银行进入对中国银行业效率影响的实证研究[J],财经问题研究,2006(2).

[93] 于文涛.外资银行进入对中国银行业的影响分析[J].宏观经济管理,2005(8).

[94] 张海冰.银行业开放水平的指标体系构建和国际比较[D].对外经济贸易大学,2007.

[95] 张金清,刘庆富.中国银行业全面对外开放水平的基本判断与分析[J].社会科学,2007(3).

[96] 张金清,刘庆富.中国金融对外开放的测度和国际比较研究[J].世界金融研究,2007(12).

[97] 张金清,吴有红.外资银行进入水平影响商业银行效率的阈值效应分析——来自中国商业银行的经验数据[J].金融研究,2010(6).

[98] 张小波.金融开放的水平测度及协调性分析[J].经济科学,2012(2).

[99] 赵晓翔.中国上市银行竞争力实证分析[D].山西财经大学,2010.

[100] 赵昱光.新兴市场国家外资银行作用效应研究[D].辽宁大学,2007.

[101] 庄起善,窦菲菲.转型经济国家银行竞争力的比较研究[J].世界经济研究,2008(3).

[102] 周慧君,顾金宏.外资银行渗透对中国银行业体系稳定性的影响——基于阶段理论与演化理论的实证研究[J].国际金融研究,2009(12).

[103] 周力杨,武康平.跨国银行介入后与东道国银行竞争的分析[J].财经研究,2007(10).

春来秋往,历经几度寒暑更迭;风雨兼程,铭记一段素锦年华。

写作是一件很辛苦的事情,有一段时间我无论怎么逼迫自己都无法沉入其中。然而,写作还是一个提升心性与超越自我的过程,在焦虑和烦恼的煎熬中获得醍醐灌顶的认知,其带来的喜悦盈满心间,是另一种满足和幸福。回望往昔的点点滴滴,可以说是如鱼饮水,冷暖自知,有烦恼,也有收获。

本书的呈现得益于诸多亲朋好友,他们给过我温暖的关心、雪中送炭的帮助和始终如一的支持,让我坚定了勇往直前的信念和决心。此时此刻,心中满是感谢。

首先要特别感谢我的导师乔桂明教授。乔老师学识渊博、平易近人、风趣幽默,严谨的治学态度和宽广豁达的胸襟深深地影响了我。对于本书,乔老师给予了悉心指导,并提出了宝贵的修改意见,让我从中获益良多。为此,谨向乔老师致以深深的感谢和崇高的敬意。

感谢我所在的工作单位——苏州工业园区服务外包职业学院(SISO),学院领导对我给予了许多帮助与支持,让我备受鼓舞。重新回归SISO商学院这个温馨的大家庭,其乐融融的团队氛围让我能够在轻松胜任工作的同时腾出更多精力来专注于学习和科研。感谢在教学、管理、生活上一如既往给予我支持的同事们,感谢书稿写作期间帮助过我的朋友们。尤其感谢在论文写作过程中给我提供资料和给予方法帮助的王侃玉老师、黎纪东老师、鲁石老师,在这里向他们致以深深的谢意。

这里,我要特别感谢我挚爱的丈夫和两个儿子,正是有了他们一直以来的默默付出和无私关怀,我才能顺利完成书稿。尤其是我的丈夫,他任劳任怨的陪伴、理解和包容给了我莫大的信心与支持,让我省却了诸多烦恼与后顾之忧。同时,也要感谢我的两个儿子,成长过程中无限的童真与童趣,为我提供了感情上的支持和情感上的放松,让我常常忘记工作与写作的艰辛。

金秋季节,丹桂飘香,这是一个收获的季节,表示绚丽与成熟,本书终于画上句号。搁笔之际,起身放眼窗外,顿时感觉到生活的美好。其实,美好一直都在。

宋翠玲

2018 年 9 月 23 日书于 SISO-G108 室